Sammlung Luchterhand 860

Über dieses Buch: Wer ist ein Theatermensch? Nicht der Theaterliebhaber, nicht der ständige Besucher, auch nicht der Theaterkünstler, sondern einer, der »bereit ist, aus Begeisterung für das Stück Leben, das auf diesen Brettern entstehen kann, alles auf sich zu nehmen und jede Kleinigkeit und jede Schmutzarbeit mit der gleichen Liebe zu tun, mit der er eine Rolle spielt oder eine faszinierende Regie führt.«

Jean-Louis Barrault als ›Theatermensch‹, als Schauspieler, Regisseur und Theaterdirektor seit über 50 Jahren ebenso bekannt wie durch seine unvergeßliche Mitwirkung im Film »Kinder des Olymp«, hat eine feurige Liebeserklärung an das Theater geschrieben und zugleich einen fesselnden Arbeitsbericht gegeben.

Wer dieses Buch über Alltag und Höhepunkte eines erfüllten Lebens für das Theater aus der Hand legt, wird die Melancholie des Theatermenschen nach der Premiere nachfühlen können: »Allein, traurig, leer kehrt er heim. Wie der Erfolg der Premiere auch gewesen sein mag: er ist Witwer, Waise, untröstlich. Er fühlt sich als verlassener Liebhaber.«

Über den Autor: Jean-Louis Barrault, 1910 geboren, Pantomime, Schauspieler, Regisseur, Theaterdirektor, Theaterautor, gilt als einer der Wegbereiter des modernen Theaters. Näheres zu Person und Werk findet sich am Schluß dieses Bandes.

Jean-Louis Barrault
Ich bin Theatermensch
Aus dem Französischen
von Sonja Bütler

Luchterhand
Literaturverlag

Titel der Originalausgabe: »Je suis homme de theatre«

Sammlung Luchterhand, Oktober 1989
Luchterhand Literaturverlag GmbH, Frankfurt am Main. Lizenz-
ausgabe mit freundlicher Genehmigung der Arche Verlag AG,
Raabe + Vitali, Zürich. Copyright © 1956 by Verlags AG Die
Arche, Zürich. »Je suis homme de theatre« Copyright © 1955
by Editions du Conquistador, Paris. Alle Rechte vorbehalten.
Umschlagentwurf: Max Bartholl. Umschlagfoto: René Burri-
Magnum Photos. Druck: Wagner, Nördlingen. Printed in Ger-
many.
ISBN 3-630-61860-X

Inhaltsverzeichnis

Himmel? Was werd' ich ihr sagen?
und wo fang' ich an? (Phädra)

Wer bereit ist, aus Liebe zu einigen Quadratmetern Bretterboden und aus Begeisterung für das Stück Leben, das auf diesen Brettern erstehen kann, alles auf sich zu nehmen und jede Kleinigkeit und jede Schmutzarbeit mit der gleichen Liebe zu tun, mit der er eine grosse Rolle spielt oder eine faszinierende Regie führt — das ist ein Theatermensch. Wer sich nur auf sein Rollenfach beschränkt und sich mit den unscheinbaren Nebensächlichkeiten des Theaterberufes bloss «abfindet», kann ein hervorragender Theater*künstler* sein, aber niemals ein Theater*mensch*.

Ein Theatermensch muss bereit sein, sich an alle möglichen Kleinigkeiten zu verschwenden, bis er den Augenblick erreicht, wo er seiner Liebe Erfüllung geben kann. Wenn er dabei, ohne zuviel von seinem Wesen zu verlieren, durchkommt, wird er ungeahnte Freuden geniessen.

*

Es ist noch früh. Das Theater ist noch zur Hälfte geschlossen. Auf der einen Seite befindet sich der sogenannte Künstlereingang, scharf bewacht von einem sympathischen «Cerberus», erfüllt von Weisungen, die nie beachtet werden.

Auf der andern Seite erkennt man eine Art Höhle, ähnlich einer Falle, die sich Vorverkauf nennt, wo von Zeit zu Zeit die «Getreuen» erscheinen und ein paar Karten abholen.

In der Tat nennen wir die Zuschauer, die regelmässig bei Beginn des Kartenverkaufes Schlange stehen, um ihren angestammten Platz auf dem Flohboden zu erstehen, «unsere Getreuen». Es ist ein schlechtes Zeichen für ein Stück, wenn «unsere Getreuen» zufällig einmal bei der Oeffnung der Kasse nicht da sind.

Wo aber befindet sich der Theatermensch?

Im Idealfall könnte man ihn aufrecht in den Schwerpunkt des Saales stellen, gegen die Rampe gelehnt. Sein ganzes Wesen ist auf die schwarze Bühne gerichtet, wo, wie an allen geweihten Stätten, ein Licht schwach schimmert. Er ist im Begriffe, einer jener begeisternden, erhebenden und leidenschaftserfüllten «Akte des Lebens» *im voraus* und für sein künftiges Publikum zu erleben. Er versucht, sich in alle kommenden Zuschauer zu versetzen. Er möchte eine Art idealer Zuschauer werden und ein Schau-Spiel erfinden, erträumen, das zu gefallen und zu rühren und zu erheben vermöchte.

Er weiss, dass alle diese Sessel, unter denen einige noch vom Druck eines Körpers, der sie am Vorabend eingenommen hat, knacken, in einigen Stunden von mehr als tausend Personen besetzt sein werden. Er weiss, dass die Zuschauer, sobald sie sich in diesen Sesseln eingerichtet haben, bereit sein werden, ihre *Einzelseele* zu vergessen, um ein Teil der *Gesamtseele* zu werden, ein Teil dieses ungeheuren und *einzigen* Wesens, das wir *das* Publikum nennen. Diese Gesamtseele kann kein Zuschauer ohne die Gesamtheit der andern, ohne jene geheimnisvolle «Ellbogen-an-Ellbogen-Gemeinschaft» erfahren.

Der Theatermensch aber muss *allein* und in sich selbst, kraft seiner eigenen Vorstellungsmacht und seines eigenen Empfindungsvermögens diese Gesamtseele und, indem er sie umschliesst, ein *Gesamtherz*, ein Gesamtempfindungsvermögen entdecken. Er muss zugleich eins und vielfach sein. Sein Kraftaufwand und seine Arbeit werden genau in dem Mass einschlagen, als sein persönliches Empfindungsvermögen mit demjenigen einer ganzen Menschengruppe in Einklang stehen wird.

Ich glaube, dass nur eine leidenschaftliche Liebe zu den Menschen, eine wahrhaft tiefe Liebe für die Menschen die Vereinigung unseres eigenen Herzens mit dem Gesamtherzen, mit dem umfassenden Herzen — ich möchte sagen, mit dem umfassenden Leib, wenn wir an den mystischen Leib denken — möglich zu machen vermag.

*

Nach Schluss der Vorstellung verschwindet das Publikum, und jeder Zuschauer findet an der Garderobe seine Persönlichkeit wieder; manche sogar, die sich dazu hinreissen liessen, diesem Gesamtkörper anzugehören, fangen sich auf und beginnen, wenn sie wieder sie selber geworden sind, zu kritisieren.

Der Autor schwirrt in den Garderoben umher; der Regisseur stöhnt; der Direktor unterschreibt den Abrechnungszettel der Einnahmen; die Schauspieler streifen in dem Augenblick der Begeisterung ihre Hüllen nur ungern ab.

Langsam entleert sich das Theater; und wenn alle weg sind und der Nachtwächter seine Runde beginnt, geht ein Schatten ganz nahe an ihm vorbei. Er kommt, um die leere Bühne zu riechen, das Knacken der Sessel zu hören, und den Geruch von Schminke und Schweiss in den Gängen zu atmen. Wie ein unzufriedener Reisender, in seinen Mantel eingehüllt, entflieht der ... Theatermensch.

Wo befand er sich während des Abends? Ueberall und nirgends. Bald trug er die Maske des Direktors, bald war er im Publikum, unter den Schauspielern, bei den Türsteherinnen, unter den Bühnenarbeitern, beim Autor, dem Regisseur, den Maschinisten. Ueberall, wirklich überall, im Grunde genommen aber nirgends. Denn während der Vorstellung hatte jeder seinen genau bestimmten Posten und wusste, was er zu tun hatte, um ihn auszufüllen. Nun, für den Theatermenschen gibt es keinen Posten. In diesem Augenblick des Theaterlebens löst er sich auf. So sehr er seine Existenzberechtigung fand, solange das Theater geschlossen war, indem er dieser Unzahl verschiedenster Berufe eine Einheit gab, so sehr wird er überflüssig, sobald sich das Theater dem Publikum öffnet und all diese Berufe nun aufeinander eingespielt sind.

Verborgene Allgegenwärtigkeit: das ist der Theatermensch.

Aber gibt es ihn wirklich, den Theatermenschen? Ja. Es gibt im Theater eine Gattung von Leuten, die man nur mit diesem oder einem entsprechenden Ausdruck bezeichnen kann.

Man kann Schauspieler und doch kein Theatermensch sein, man kann Autor, Direktor, sogar Regisseur und doch kein Theatermensch sein. Ein Schauspieler, auch wenn er sich mit etwas anderem beschäftigt, z. B. Regie führt, bleibt in der Erinnerung der andern ein Schauspieler. Gewisse Autoren können ausgezeichnete Direktoren werden, aber sie bleiben Autoren. Unter den Regisseuren kann es Schauspieler geben, aber sie werden vornehmlich als Regisseure angesehen, usw. usw.

Alle können sicherlich grosse Bühnenkünstler und für das Theater begeistert sein, aber sie gehören nicht zwangsläufig zu jener besonderen Gruppe: den «Theatermenschen».

Dagegen kann man Leute wie Dullin, Jouvet, Pitoëff, Baty, Stanislawsky, Copeau *Theatermenschen»* nennen.

Stanislawsky hat «Mein Leben in der Kunst» geschrieben.

«Mein Leben in der Kunst», das ungefähr ist: «Ein Theatermensch». Wenn es darum geht, die Bühne zu reinigen, wird Wischen für ihn zu einem erhabenen Akt.

Wenn es darum geht, einen Schauspieler zu pflegen, wird Fiebermessen zu einer vornehmen Handlung.

Wenn es darum geht, die Arbeit eines Autors zu erleichtern, wird es zu einem Vergnügen, dem Steuereinnehmer zu schreiben.

Wenn es darum geht, eine Truppe zu erhalten, wird es zu einer Freude, zu einer wahren Schachpartie, Rechnungen zu machen, Zahlenreihen zu schreiben, zu markten, bei den Rechnungen List anzuwenden.

Ich spreche nicht einmal von jenen dionysischen Orgien in den Nächten vor einer Premiere, die man mitten unter den Handwerkern von der «Technik» auf der Bühne verbringt, wo man Bretter nagelt, sich beim Malen verschmiert oder an den Scheinwerfern die Finger verbrennt. Für solche Augenblicke sollte man bezahlen müssen!

*

Ja, neben dem Direktor, dem Autor, den Schauspielern und dem Regisseur, neben all diesen Menschengruppen, die in einem Theater wirken, oder mitten unter ihnen, existiert manchmal ein Wesen, das man Theatermensch nennen kann. Wir werden versuchen, ihn so gut wie möglich zu umschreiben. Wir wissen, dass sein Leben von nun an mit dem Leben des Theaters identisch ist. Treten wir jetzt in seinen Alltag ein.

Was folgt, ist ein Bericht aus dem täglichen Leben eines Mannes, der bald als Direktor einer Truppe, bald als Schauspieler und Regisseur am Theater wirkt und dabei in seinem theaterbesessenen Herzen die Hoffnung nährt, dereinst in die Schar der *Theatermenschen* aufgenommen zu werden.

Es ist zehn Uhr morgens, ein Taxi hält vor dem Theater. Der Mann, der aussteigt, ist ein wenig zu bleich, seine Züge sind durch überreizte Nerven und die Müdigkeit aus dem Gleichgewicht gebracht. Nichtsdestoweniger ist er glücklich. Oft sieht man ihn mit den verschiedenartigsten Paketen beladen, die er wie ein Armvoll Heu trägt, manchmal mit einem Kleid oder mit einem Bücherschrank, einem Tisch, ebenso gross wie er selbst, den er auf dem Flohmarkt entdeckt hat; aber heute trägt er nichts. Der Kragen seines Ueberziehers ist bis zu den Ohren hochgeschlagen.

Vor der Front des Theaters sind bereits fünf oder sechs Personen und warten auf den Vorverkauf, der Schalter dafür wird erst in einer Stunde aufgehen.

Der Theatermensch schaut sie von der Seite an, verlangsamt einen Augenblick den Schritt, als wolle er mit ihnen sprechen, ihnen vielleicht danken, oder sie fragen, wie er ihnen helfen kann; aber, ist es Scham, ist es Zurückhaltung? ist es, «weil man das nicht tut»? Er dringt ins Theater ein, scheinbar ohne überhaupt ihre Anwesenheit bemerkt zu haben. Und doch wäre es nett gewesen, ihnen einen guten Tag zu wünschen, sie sind so ausdauernd, die Leute, so treu.

Oh! Es ist nicht die Lust, die ihm gefehlt hätte! Die Scham beraubt uns vieler guter Absichten.

Er geht durch die Halle, nachdem er sich von einer Putzfrau eine Türe hat öffnen lassen. Das erspart ihm den Umweg durch den Künstlereingang. Der Theaterberuf hat viele Berührungspunkte mit dem Sport; unter anderem die Dosierung der Anstrengung. Sein erstes Lächeln gilt also der mit ihrem Turban wie eine Sultanin hergerichteten Putzfrau.

Weiter weg saugt ein Staubsauger wie ein Tapir mit einem ohren- und nervenzerreissenden Lärm den Teppich. Es ist grausam, zehrt schon an den Nerven ...

Der Mann ist hinter der Flügeltüre angelangt, die sich genau auf die hintere Mitte des Saales öffnet. Diese Türe ist *seine Türe*, die Türe seiner Wahl. Er weiss, dass der Bühnenvorhang am andern Ende des Saales hochgezogen ist, und dass er, wenn er die Türe plötzlich öffnet, eine ganz neue Vision von dem, was auf der Bühne steht, finden kann; wie wenn er es noch nie gesehen hätte. Er weiss jedoch, dass dieser jungfräuliche Eindruck nur eine oder zwei Sekunden dauern kann; denn seit langem kennt er alles, was auf der Bühne ist, Ecke um Ecke, Stück für Stück. Eben daran leidet er, dass sein Auge mit der Dauer der Arbeit nicht seine Frische bewahrt. Er rennt hinter diesem ersten Eindruck, den der Zuschauer haben wird, her, und jeden Augenblick fürchtet er, ihn verloren zu haben, und unfähig zu sein, ihn wieder zu finden.

Aber wenn er für einen Moment die Augen schliesst und sie beim Eintreten plötzlich wieder öffnet, indem er sich zwingt, an nichts zu denken, dann kann der erste Eindruck, die Frische des ersten Tages, wieder erscheinen.

Uebrigens hat er an diesem Morgen keinen Grund, es zu tun, die Bühne sollte leer sein: man wird die Maße der Dekoration für ein neues Stück nehmen. Nichtsdestoweniger schliesst er die Augen, öffnet die Türe und macht sie wieder auf, diesmal zu seinem Vergnügen. Eine leere Bühne ist so schön! Der ganze Saal ist hell, rot und gold. Die Putzfrauen gehen, gebückt wie Winzerinnen in den Rebbergen, durch die Reihen. «Eiscreme, saure Bonbons, Pfefferminzplätzchen ..?» Silberpapier, fettige Abfälle, leere Büchsen, schmutzige, aber menschliche Spuren der gestrigen Vorstellung. Die Bühne erscheint schwarz, schmucklos, beinahe feindlich. Bei ihrem Anblick streckt der Mann seinen Rücken. Er ändert seinen Schritt, er hat jetzt nichts anderes mehr im Kopf als die Bühne. Er wird von ihr angezogen. Ueber den Laufsteg, den die Bühnenarbeiter zur Erleichterung der Proben über den Raum zwischen Saal und Bühne legen, springt er hinauf. In drei Sekunden ist er von einer Welt in die andere eingetreten. Und die Bühne wird für ihn wie ein Bild mit Tiefe. Der Bühnendirektor, der Bühnenmeister, ein Tischler, zwei Bühnenarbeiter, ausserdem der Bühnenbildner des Stücks (sehr oft ein Maler), der Kulissenbauer, der Bühnenmaler und ein Elektriker sind schon da.

Man drückt sich die Hände, wechselt einige unverbindliche Worte; man betrachtet den Entwurf des Malers, stellt einen Tisch auf und holt einen Doppelmeter heraus. «Habt ihr Kreide?» Ein Bühnenarbeiter stellt seinen Bund Holz auf die Seite. «Schliesst doch die Bühnentür, wir erfrieren, danke.» Der Theatermensch zögert, ob er den Ueberzieher ablegen soll. «Behalten wir ihn noch einen Augenblick an.» Es folgen zwei oder drei Betrachtungen über das Stück, über die Gesamtauffassung der Dekoration. «Fernand, ein bisschen mehr Licht, man sieht nichts.»

Die Arbeit besteht in einer Art Spiel von Verrückten, in dessen Ablauf sich zum Beispiel der Theatermensch auf einen Stuhl genau in der Mitte der Bühne setzt und nach allen Seiten schaut; alle anderen sehen ihm sehr ernsthaft zu. Er erhebt sich, macht drei Schritte in einer Richtung, bückt sich und zeichnet mit der Kreide ein Kreuz auf den Boden; er kommt zum Stuhl zurück, setzt sich wieder, lehnt sich zu dem Kreuz vor (wie wenn er es ansprechen wollte), dreht sich zurück, macht zwei Schritte in einer andern Richtung, hält an und sagt: «Stellt hier eine Dachlatte senkrecht auf.» Wie die Kinder, die sich für das Marmelspiel vorbereiten, zeichnet er, immer mit derselben Kreide, eine Linie auf die Bretter: «Hier eine zweite Dachlatte, gib mir den Meter.» Er nimmt ein Maß, und die andern folgen ihm wie einem Zauberer. Hammerschläge beginnen diese Zauberriten zu begleiten. Von Zeit zu Zeit schaut man sich wieder den Entwurf an. Neue Latten werden aufgestellt, andere liegen auf dem Boden. Man bringt eine Leiter, dann noch eine. Lange Seilschlangen werden aufgerollt, und es entsteht ein Gebäude, dessen Zerbrechlichkeit Angst macht. Eine einzigartige Falle, um das Stück einzufangen.

Nach und nach erscheint ein merkwürdiges architektonisches Skelett. Vom Schnürboden wirft man zwei Seile und befestigt daran querüber eine neue Dachlatte. «Zieht die beiden Seile hoch, ich werde sagen, wenn es genug ist.» Und auf einen Schlag stürzen alle Bühnenvorstände über den Laufsteg in den Saal oder springen über die Rampe, wie wenn man plötzlich eine Festung belagerte. Man könnte glauben, es gehe um das Schicksal der

Republik. Das ganze Leben scheint an dieser Latte zu hängen, die ruckweise steigt.

Jedermann kneift ein Auge zu. Die einen sind links, die andern rechts im Saal. Die Latte steigt. «Stopp! nein, nicht das rechte Seil, sondern das linke. Links ein wenig herunter, gut! Rechts noch weiter, noch mehr, noch mehr! Gut! nein, zuviel, rechts herunter. Gebt es allen weiter: rechts herunter.» Und plötzlich ertönt vom Schnürboden her eine riesenhafte Stimme: «Es reicht, ich verstehe!» «Stopp!» Es folgt eine Stille. Der Theatermensch und der Maler stehen zusammen. Die Arbeit scheint einen Moment anzuhalten. Alle warten. Was sagen sie sich ins Ohr? Sicherlich hecken sie einen neuen Streich aus.

«Warte!» Mit einem Sprung ist der Theatermensch wieder auf der Bühne. Diesmal zieht er seinen Ueberzieher aus.

Es folgt ein Dialog zwischen Saal und Bühne. Der Maler versucht, die Inszenierung, die ihm der Theatermensch erklärt, indem er ihm die Bewegungen vorspielt, zu respektieren. Seine Dekoration darf das Stück nicht ersticken; sie darf aber auch nicht allzu unregelmässig erscheinen und muss, im Rahmen des Möglichen, ebenfalls, genau wie der Schauspieler, «das Stück spielen». Dieser Entwurf, den man zu bauen eben im Begriffe ist, gibt eine gleichzeitig richtige und falsche Idee von dem, was die Dekoration sein wird. Wenn sie auch keine Fehler in den Bühnenmaßen zeigt, so kann sie doch das Auge täuschen, denn die Flächen sind aus einfachen Holzstücken gebaut und nicht ausgefüllt; was leicht und elegant erscheint, läuft Gefahr, wenn es einmal ausgefüllt sein wird, schwer und plump zu wirken. «Habt ihr alte Tücher? Hängt sie an die Latten, damit das Auge einen Halt hat.» Und schon stürzen alle, wie bei einem vorbereiteten Rückzug, auf die Bühne zurück.

... In solchen Momenten kommen sich die Männer näher: der Bühnenarbeiter wirft einen Blick auf den Entwurf, und man spürt sofort, dass er eine Meinung darüber hat; der Theatermensch spürt diese Meinung. Seinerseits nimmt er einen Hammer und schlägt unter dem aufmerksamen und gerührten Blick des Bühnenarbeiters einen Nagel ein.

Jedermann denkt nach.

Auch die Dekoration hat ein Wort mitzureden; sie gleicht einem Tier, das sich von all diesen Burschen kitzeln lässt. Von Zeit zu Zeit flüstert sie ihnen zu: «Ihr habt's beinahe, heiss, heiss, nein, ihr entfernt euch.» So nimmt die Dekoration, indem sie den Rücken anspannt, sich langsam reckt, die Beine ausstreckt und die Ellenbogen ausbreitet, nach und nach die richtige Form an: *denn im Theater müssen selbst die Dinge menschlich sein.*

Im Augenblick ist es noch nichts als ein Gerüst von Holzstücken und Tuchfetzen, aber während dieser zwei Stunden der Bekanntschaft und Vertrautheit haben die Männer gelernt, sie so zu sehen, *wie sie sein wird,* und nicht, wie sie jetzt ist.

«Bleiben wir dabei?» sagt der Theatermensch zu seinem Freund, dem Maler. «Ja, es scheint mir gut.» «Also, los, nehmt die Maße!» Der Bühnenmaler, unterstützt vom Kulissenbauer und den Bühnenarbeitern, nimmt die Maße, aus denen er einen konstruierten Entwurf für das genaue Bild der Dekoration ziehen wird. Der Maler-Freund geht weg.

Der Theatermensch kehrt in den Saal zurück, setzt sich in der Mitte des Parketts in einen Sessel und sieht zu, wie dieses Phantom einer Dekoration verschwindet. Und er beginnt von der Dekoration und vom Stück zu träumen.

Jedes Jahr liest er aufmerksam mehr als 100 Stücke: junge Autoren, moderne Autoren, lebende Autoren, Stücke kürzlich verstorbener Autoren, Meisterwerke der Klassik, seltsame, durch die Zeit hindurch bewahrte Werke. Wirklich schlechte Stücke sind selten. Noch seltener sind wirklich gute Stücke. Beunruhigend sind nur die annehmbaren Stücke. Diesen gegenüber verliert er Geschmack und Urteil. Irgendein Stück scheint ihm wert, aufgeführt zu werden. «Also bringen wir es heraus, ja, wieso nicht? Es ist annehmbar, und es wäre ungerecht, wenn der Autor es nicht realisiert sehen dürfte. Aber würdest du es dir ansehen? Ja und nein; aber es ist trotzdem annehmbar, und das Theaterleben besteht nicht nur aus Meisterwerken. Also bring es heraus. Oh — ja!» Manchmal bringt man es heraus und sechs von zehn Malen ist es ein Durchfall; das Theater ist dem Bankrott nahe, das Publikum verliert das Interesse, die Truppe verliert die Moral, und der Autor läuft Gefahr, ein Feind zu werden. Denn «sein Stück war annehmbar», also wurde es schlecht dargestellt, oder die Inszenierung war schlecht, oder die Schauspieler fanden nicht den richtigen Ton oder die Dekoration erstickte das Stück.

Ja, nichts ist gefährlicher für einen Theatermenschen als ein Stück, das nur «annehmbar» ist.

Erregend sind jedoch die Stücke, in die er sich verliebt.

Dieses hier, das man schon seit einiger Zeit probt, und das unser Theatermensch bald aufführen wird, hat er schon sehr lange in seiner Schublade gehabt. Er hatte es gelesen, es hatte ihm gefallen, dann hatte er es vergessen. Und an einem schönen Morgen war es ihm wiedererschienen. Das Wohlwollen, in dem es bis jetzt bei ihm stand, hatte sich in Verlangen umgewandelt. Er entdeckte das zweifache Verlangen, es als Zuschauer dargestellt zu sehen, und es stofflich auf der Bühne aufzubauen, wie wenn er der Autor wäre.

Man kann die wundervollsten Reisen auf dem Atlas unternehmen, aber es ist etwas anderes, seinen Koffer zu packen, ein Billett zu lösen und die Familie zu verlassen, um sich in das Land zu begeben, von dem man sich plötzlich und unwiderstehlich angezogen fühlt.

So geht es mit gewissen Stücken. Und für dieses hier hat er sich erst nach einigen Jahren zu entflammen begonnen.

Er hatte vorläufig zu niemandem davon gesprochen. Er hatte es immer wieder gelesen, herausgeschält, in einzelne Stücke zerlegt, hatte es verschlungen, verdaut und wiedergekaut. Er hatte sich Unterlagen verschafft. Er hatte Bücher gelesen, die sich mehr oder weniger auf das Thema, auf die Zeit, auf das Milieu und auf bestimmte Charaktere bezogen. Es handelte sich nicht um eine kalte analysierende Arbeit, es war eine Fühlungnahme wie in der Liebe. Und jetzt «sah» er es.

Aber sah er es richtig? Sah er es, wie die andern es sehen würden? Hatte er es nicht im Laufe dieser langen Vorbereitungsarbeit an sich gerissen und verändert? Er wusste, dass das Stück, erst wenn er es ausserhalb von sich zeigen würde, sein wahres Gesicht zurückgewinnen würde, und dass der Erfolg seiner Arbeit genau von dem kleinern oder grössern Abstand abhängig sein würde, den er durch die Liebe und die Arbeit von diesem wirklichen Gesicht nähme.

Heute hatte er diesen neuen Blick, den er besass, als er es noch nicht kannte, nicht mehr.

Das alles verursachte ihm Beklemmung. Fügen wir noch die Persönlichkeit des Malers, des Komponisten der Bühnenmusik und der Schauspieler hinzu. Jedermann zerrte das Stück unbewusst auf seine Seite. Er sollte alle diese Persönlichkeiten eindämmen, ohne sie zu ersticken, sondern, im Gegenteil, sich ihrer bedienen, um sie in die für das Stück ideale Richtung zu lenken.

So sitzt er im Saal und träumt ...

Die Bühne ist wieder leer. Nach und nach gehen die Bühnenarbeiter weg; im frisch geputzten Saal wird gelöscht; die Kälte führt ihn in die Wirklichkeit zurück; er legt seinen Ueberzieher wieder an und steigt in die Verwaltungsbüros; es ist Mittag.

Der Geschäftsleiter und die Sekretärin sind da. Es ist ein anstrengender Beruf, während des ganzen Jahres. Die Sekretärin kommt gegen zehn Uhr, aber oft geht sie erst zwölf Stunden später wieder weg; allerdings ist sie allein, unabhängig und nicht an eine feste Arbeitszeit gebunden. Der Geschäftsleiter fühlt sich ebenso als Direktor wie der Direktor selbst. Dieses Theaterunternehmen ist «sein» Unternehmen. Er führt die Buchhaltung, überwacht die Korrespondenz und erspart dem Direktor nach Möglichkeit die «unproduktive» Arbeit, das heisst die Büroarbeit. Aber er beschäftigt sich ebensosehr mit der künstlerischen Seite: auch er war eben auf der Bühne dabei. Er will die kleinsten Details der Aufführung des Stücks mitverfolgen. Dies ist die einzige Möglichkeit, von Grund auf orientiert zu sein. Heute war er, wie jeden Morgen, um acht Uhr ausgegangen; er hat die Geschäfte abgeklopft, um reizvolle Möbel und Requisitenstücke für das neue Stück vorzumerken.

Im Augenblick sitzt er an seinem Schreibtisch mit einer Tasse Kaffee vor sich; er sieht müde aus, aber seine Augen sind lebendig. Der Theatermensch kommt herein, setzt sich auf eine Ecke des Schreibtischs. Es besteht eine grosse Vertrautheit zwischen den beiden Männern, eine so grosse Vertrautheit, dass es Mühe kostet, sich zu erinnern, dass sie zwei sind und dass man sich «guten Tag» sagen muss. Wieso «guten Tag»? Wenn es nie ein «auf Wiedersehen» gibt?

Die Möbeljagd war gut ausgefallen, aber die Sessel wird man aufarbeiten lassen müssen. Man sieht die Liste mit den im neuen Stück benötigten Requisiten durch. Natürlich kann man diese Möbel und Sessel nicht so lassen. Einige müssen abgeändert, andere neu gestrichen werden. Kurz, man muss sie durch Verwandlungen aus der Wirklichkeit des Lebens in die Ueberwirklichkeit des Theaters führen, man muss sie scheinbar «falsch» machen, um sie «wahrer» erscheinen zu lassen.

Die beiden Männer sind jetzt mitten in ihrem Thema und gleichen zwei Schreinerlehrlingen, die von neuen Dingen träumen, sie merken nicht mehr, wie die Zeit vergeht; sie spielen schon wieder. Das Theater ist die Kunst der Kinder. Man glaubt, zwei Knirpse zu sehen, die einen bösen Streich aushekken. Die Sekretärin, die mit der zu unterschreibenden Post eintritt, führt sie in die Wirklichkeit zurück. «Ein junger Mann wartet im Gang auf Sie», fügt sie hinzu, «er will Sie sehen.»

Der Alltag fällt unseren beiden Verbündeten wie ein Stein auf den Rücken. Der Theatermensch liest dann die paar Briefe durch, die er oder sein Geschäftsleiter gestern diktiert hat, und unterschreibt sie. «Ja, da ist ein junger Mann», sagt der Geschäftsleiter, «den ich nicht wegzuschicken wagte. Er will Ihnen eine Szene vorsprechen. Sein seltsamer Ausdruck hat mich verführt, nun, Sie werden selber sehen.»

Beim Unterschreiben findet der Theatermensch, dass die Zerstückelung des Lebens für die Arbeit sehr schlecht ist, dass man aber nicht egoistisch sein darf; hätte ihn sein späterer Lehrer damals nicht empfangen, dann hätte sein ganzes Leben einen andern Verlauf genommen. Im übrigen nützt es der Arbeit, wenn man reich an Eindrücken ist, die man mit offener Seele vom Leben (auch vom zerstückelten Leben) empfangen hat. Er hat den jungen Mann eingeholt: seine Haare sind zerwühlt, um seine Augen hat er Ringe, seine Wangen sind hohl, der Blick ist gleichzeitig abwesend und gespannt, gespannt auf das Innere gerichtet. Die Erinnerung an seinen Lehrer hatte ihn zu jenem Tag in seiner Jugend zurückgetragen, da er selbst gekommen war, um vorzusprechen. Er selber ist es, der ihm jetzt in diesem jungen Mann gegenübersteht. Im selben Augenblick versetzt er sich an die Stelle seines Lehrers, und eine gewisse Zärtlichkeit für diesen leidenschaftlichen Jungen, der ihm wie ein jüngerer Bruder gleicht, erfasst ihn.

«Wie spät ist es? Zwölf Uhr vierzig! Verfl...!
Das macht nichts, folgen Sie mir, Sie werden mir
Ihre Szene vorsprechen.»

Sie gehen auf die von einer Dienstlampe schwach
erhellte Vorbühne. Feuchte Hände, ein Würgen im
Hals, eine trockene Zunge, ein leerer Kopf, weiche
Knie, das sind die gewöhnlichen Vorsprechsymp-
tome.

Ein Vorsprechen gibt nie eine genaue Auskunft,
eher nur einen Eindruck. Ist der Eindruck gut, so
ist er meistens zu gut; ist er dagegen schlecht, läuft
er Gefahr, allzuschlecht zu sein. Wichtiger als das
eigentliche Vorsprechen ist das Sich-Kennenlernen.
Verlässlich ist nur der Klang der Stimme, die Kraft
des Atems (abgesehen vom Lampenfieber), das
Verhältnis vom Kopf zum Körper, die Silhouette,
etc. Die kleinsten Fehler kommen zum Vorschein:
vorstehende Zähne, die man im täglichen Leben
nie beachtet hätte, eine Verunstaltung des Mundes,
grosse Hände etc. Die einen wachsen auf der
Bühne, andere werden kleiner. Die einen sind bereits Figuren, andere bleiben in sich verschlossen
und können kein «Material für das Theater» werden. Endlich zeigt sich die *Ausstrahlung*, oder sie
zeigt sich nicht. Kurz, einfach dadurch, dass man
auf die Bühne steigt, zeigt sich eine neue Person.
Die Bühne scheint das, was sich im Innern ver-
steckt, ans Licht zu bringen. Auf der Bühne zeigt
man sich, wie man ist. Die Bühne zeigt den Menschen und sein «zweites Ich».

Der junge Mann hat sich in einen Monolog ge-
stürzt. Schon bei den ersten Versen weiss der Theatermensch, woran er ist; der Rest des Vorsprechens

ist, wenn sich nichts Ausserordentliches ereignet, nur zum Vergnügen des jungen Mannes.

Was für komische Vorsprechen hat der Mann schon über sich ergehen lassen! Eines Tages hatte sich ihm ein grosser, magerer Bursche mit Hühnerbrust und konventionell inspiriertem Gesicht vorgestellt. Das Vorsprechen war prätenziös und jämmerlich. Am Schluss hatte er den Burschen gefragt, wieso er Theater spielen wollte. Der Bursche antwortete: «Weil mein Gesundheitszustand mir nicht erlaubt, etwas anderes zu tun.»

Ein anderer brachte nicht mehr als drei Worte des Hamlet-Monologs «Sein oder Nichtsein» heraus. Dieselbe Frage: «Wieso wollen Sie Theater spielen?» «Weil ich die Arbeit verabscheue.»

Eines Tages hatte sich ein Kind mit geschlagenem Ausdruck gemeldet. Es stotterte seinen Text. «Wieso wollen Sie Theater spielen?» «Ich will doch nicht, meine Eltern wollen.»

Der junge Mann heute ist unzweifelhaft begabt. Er ist voller Feuer, aber was herauskommt, ist mittelmässig; weder ganz hoffnungslos, noch Begeisterung erweckend. Der Bursche ist sympathisch.

Der Theatermensch wird ihn gehen lassen. Vielleicht wird er in der Menge all derer verschwinden, die in ihrer Jugend davon träumen, einmal ein grosser Schauspieler zu sein, und die wundervolle Zuschauer werden, jene Zuschauer, die mit uns an der Vorstellung teilnehmen. Auch sie sind Theatermenschen. Vielleicht wird er eines Tages vom Leben vollkommen umgeformt wieder erscheinen. Auf wieviele junge Schauspieler hat der Mann schon gesetzt, ohne dass sich während Jahren bei ihnen auch nur das kleinste Zeichen eines Fortschrittes gezeigt hätte, und die dann plötzlich innerhalb weniger Monate mit Riesenschritten voranzukommen begannen.

Das Vorsprechen ist jetzt beendet. Der junge Mann entflieht unruhig und glücklich. Der Mann erinnert sich schliesslich der Freude, die er empfand, wenn er ein wirkliches Talent entdeckt hatte.

Dann kehrt er nach Hause zurück.

Fruchtsäfte, rohe Früchte und Gemüse, grilliertes Fleisch, Salat und Kaffee werden ohne weitere Beachtung heruntergeschlungen.

Man redet bei Tisch, redet, schwatzt, wühlt Dinge auf, versucht recht zu haben, aber das Telefon unterbricht ... und lässt die Suppe kalt werden (wie Supervielle sich zum Scherz ausdrücken würde). Szene am Telefon:

«Hallo! Grüss dich, meine Liebe! (Es ist die XY, ein sehr nettes Mädchen der Truppe.) Hm! Was? Du kannst dich nicht rühren? Hexenschuss? (Sie hat einen Hexenschuss, sie kann sich nicht rühren.) Hast du den Arzt geholt? Er hat gesagt, du könntest heute abend nicht spielen? Aber sicher, du kommst nicht zur Probe, aber schau zu, dass du heute abend kommen kannst ... keine grossen Chancen ... aber bestimmt, wir werden eine Verständigungsprobe machen und dich umbesetzen, aber schau zu, dass du heute abend spielen kannst. ... Ja, das ist das richtige, ein Masseur. Auf Wiedersehen. Hallo! Hallo! Lass dir eine Spritze geben, eine Spritze!» Der Mann hängt wieder auf. «Keinen Käse, danke, gleich den Kaffee.» Er stellt eine Telefonnummer ein; keine Antwort. Es ist noch nicht zwei Uhr, die Sekretärin ist noch nicht zurückgekommen. Es wäre besser, wenn sie erst am

Mittag käme und dann immer dabliebe; ja, aber wenn man um 11 Uhr telefoniert? Gut! Gut!

Eine andere Nummer. «Hallo! Léonard? (der Geschäftsleiter) Die XY ist krank, ja, Hexenschuss. Schicke der Stellvertreterin wegen der Umbesetzungsprobe um neunzehn Uhr telefonisch Nachricht. Wenn sie nicht zu Hause ist? Sie muss dort sein! Wenn sie doch nicht da ist? Dann muss man sie finden! Danke!»

Das wird heute eine Pfuschprobe werden, aber die Vorstellung muss gerettet werden. Ah! dieses Stück! dieses Stück! «Du hattest aber genug Zeit, um es herauszubringen, dieses Stück; das andere läuft sehr gut, der Saal ist immer voll.» «Aber ich spreche nicht von diesem, sondern von dem, das wir seit drei Monaten spielen!»

Der Theatermensch denkt nur an das Stück, das er herausbringen will.

... Die Proben hatten so gut angefangen ... und die erste Lesung war so anregend gewesen ... die Truppe hatte guten Grund, alles zu erhoffen. Es passiert selten, dass man bei der ersten Vorstellung vor dem Publikum nicht den ganzen Eindruck wiederfindet, den man bei der ersten Lesung gehabt hat. Sowohl im Schlechten wie im Guten.

Nachdem sich der Theatermensch nämlich in ein Stück verliebt, nachdem er sich daran gesättigt, nachdem er sich in jeder Beziehung orientiert und nachdem er eine erste Inszenierung, die ihm als Gerüst für die Arbeit auf der Bühne dienen wird, auf dem Papier entworfen hat, hält er selbst, bevor er die Rollen verteilt, vor der Truppe eine Lesung des Stücks. Diese Lesung vor den versammelten Schauspielern, zu denen sich manchmal noch einige

27

Freunde gesellen, ist für das Stück wie für ihn selbst die erste und vielleicht empfindlichste Prüfung.

Indem er im Laufe der Vorlesung alle Rollen spielt, deckt er vor diesem ersten Publikum gleichzeitig die Stärken und die Schwächen des Themas, des Textes und der Inszenierung auf. Und während er die Seiten des Manuskripts durcheilt, nimmt er das Interesse wahr, das das Stück erweckt, die Art, wie seine Kollegen gepackt werden, die Stellen, wo es sie loslässt, die Längen, die man streichen muss, mögliche Fehler menschlicher Logik.

Nun, diese erste Lesung war gut verlaufen; ja, und trotz dieses Hindernisses heute, das uns auch noch Zeit verlieren lässt, hat man allen Grund zur Hoffnung . . .

Nach der ersten Lesung wurden die Rollen an die Schauspieler verteilt, Begeisterung für die einen, Bestätigung für die andern, Enttäuschung für die, die keine Rolle bekommen hatten. (Aber das Interesse der Bühne geht vor!) Und eine Woche lang hatte die Truppe, rund um einen Tisch versammelt, die Rollen gelesen.

Es ist nicht gut, zu früh auf die Bühne zu gehen.

Das schwierigste und wichtigste bei einer Inszenierung ist die Besetzung. Der Wert eines Schauspielers steigt um 100 Prozent, wenn man ihn richtig besetzt. Aus einer guten Truppe macht man mit einer falschen Besetzung eine schlechte; mit einer richtigen Besetzung wird diese Truppe hervorragend. Bereits an der ersten Probe sieht man schon, ob sich die Figur ihrem Körper wird einprägen können, und wie die Figuren im Stück in Einklang stehen; ebenso müssen die Schauspieler innerhalb der Truppe zusammenstimmen. Manchmal stimmen zwei Schauspieler mit ihrer Rolle, aber in diesen Rollen nicht miteinander überein. Also muss man einen von ihnen opfern. Hier beginnt die grundlegende und schwierigste Arbeit des Theatermenschen. Das ist das oberste Gesetz: ein Theatermensch sollte nie *eine Ungerechtigkeit begehen*.

Uebrigens arbeitet er mit einem Menschenmaterial, das selbst von einer überreizten Empfindsamkeit ist. Eine allzugrosse Offenheit wird manchmal als Grausamkeit aufgefasst. Diese acht Tage rund um den Tisch herum sind also für den Mann eine kunstvolle und schwierige Schachpartie, in deren Verlauf er seine Positionen geschickt eingenommen haben muss.

Ein Schauspieler folgt nur dem, was er empfindet. Wenn er das, was man von ihm verlangt, nicht selbst empfindet, wird er es niemals tun. Der Theatermensch muss also im Laufe dieser Leseprobe mit verteilten Rollen die Truppe das Stück so entdekken lassen, wie er es im Sinne hat.

Manchmal lässt ihn irgendein Schauspieler im Laufe dieser Proben plötzlich Dinge entdecken, an denen er vorbeigegangen war. Er muss also eine Ueberprüfung anstellen. Manchmal muss der Mann Indianertricks anwenden, um einen Schauspieler von einer Auffassung, der dieser fremd gegenübersteht, zu überzeugen.

Hier spielt er auf schwach, dort betont er seine Macht; aber, um es nochmals zu wiederholen, ohne eine Ungerechtigkeit zu riskieren.

Die Schauspieler sind beklommen. So beklommen, wie man es nachts ist. Sie sind auf die Suche nach ihren Figuren ausgegangen. Und sie werden sie nicht durch eine kühle Analyse finden. Noch weniger allerdings durch Verzauberung. Der Theatermensch muss ihnen einen günstigen Boden bieten, und sie, wenn möglich, auf die richtige Fährte zur Wahrheit, zur «Begegnung» setzen.

«Erst lieben, dann wissen», sagt Plato. Für die Schauspieler ist das vollkommen richtig. Die Suche nach einer Figur ist, wie in der Liebe, ein Kennenlernen durch jenes geheimnisvolle Abtasten. Sicher, man schwatzt, man spricht, man diskutiert, man klügelt an seinen Ideen herum, man handelt über die psychologischen Wechselbeziehungen der Situationen, aber all das geschieht nur in der Hoffnung, sich einen Moment zu «spüren». Es ist, wie wenn in dieser Nacht, in der sich Schauspieler und Figuren suchen, bei jedem gemeinsamen Punkt zwischen dem einen und dem andern eine kleine Lampe aufflammen würde. Zu Beginn sind die Lichter weit auseinander; dann flammen andere Lampen auf, man fängt an, die Silhouette zu erkennen. Eine, zwei, dann die Haupt-Figuren des Stücks; mit grosser Vorsicht stellt man dann um, bringt ein wenig Ordnung hinein; denn dieses wilde Suchen hat alles durcheinandergebracht. Bald gibt es kein Stück mehr, nur noch einzelne Stücke, wie bei einer auseinandergenommenen Maschine. Nun, der Theatermensch darf das Ziel des Stückes nicht aus den Augen verlieren; ihm dient er und indem er ihm dient, wird er den andern helfen.

Dann kommt der Moment, wo die Besetzung endgültig festgelegt wird. Alle gehen auf die Bühne. . . . Uebrigens sind alle schon dort. Während der Mann diesen vertrauten Gedanken nachhing, hatte er seinen Kaffee hinuntergestürzt, er hatte das Haus verlassen; und da überquert er bereits wieder den Laufsteg. Es ist vierzehn Uhr. «Ist alles da?» «Ah, ja! Beinahe.» «Ach, da ich gerade daran denke, hat man euch gesagt, dass die XY Hexenschuss hat? Um neunzehn Uhr findet also eine Umbesetzungsprobe für jeden Fall statt. Wird das Kostüm der andern passen? Aber zur Sache, sind der X und die Y schon da?» «Noch nicht.» «Wir wollen nicht auf sie warten.» «Aber die kommen doch gleich zu Beginn des Aktes dran.» Der Mann spürt, wie der Zorn in ihm hochsteigt. Doch das wäre nutzlos, wenn ihm die Nerven jetzt durchgingen. Er weiss, er vermag nichts gegen bestimmte Schauspieler, wenn sie zu spät kommen. Er weiss, er muss bei jedem Schauspieler eine andere Behandlung anwenden.

Der Theatermensch muss die Leichtigkeit haben, trotz dieser offenbaren Unordnung arbeiten zu können. Sicher wäre es fruchtbarer, mit der Arbeit in der richtigen Reihenfolge zu beginnen, aber das Theaterleben ist für die Schauspieler hart. Sie müssen sehr oft da sein, und die Spannung am Abend auf der Bühne ist aufreibend; man kann sie nicht daran hindern, von Zeit zu Zeit zu filmen oder am Radio oder beim Fernsehen gegen Honorar mitzuwirken.

Für diejenigen dagegen, die schon da sind, wäre es demoralisierend, wenn man nicht sofort anfinge. Warten, ohne etwas zu tun, das ist der Tod. Es wäre auch gefährlich; denn bald wäre niemand mehr da. Der Theatermensch gibt also vor, «grosse Lust zu haben», zuallererst eine ganz bestimmte Szene zu probieren.

«Vergessen Sie nicht», sagt der Inspizient, «dass Herr X und Herr Y und Fräulein Z nach fünf Uhr Kostümanprobe beim Schneider haben.» «Gut, gut. Los, fangen wir an!»

Das ganze Stück ist schon «arrangiert».

Zwischen dem ersten Probenstadium, wo man sich suchte, und heute hat die Truppe ein zweites Stadium, die Stellproben, hinter sich gebracht. Sobald die Arbeit auf der Bühne beginnt, muss man den Schauspielern vor allem Sicherheit geben. Sie sind bereits durch die Suche nach ihrer Gestalt überbeschäftigt. Es liegt also im Interesse des Theatermenschen, ihnen ihre Stellungen so schnell wie möglich anzuweisen; bereit, diese in dem Maße als sich die Arbeit vertieft, wieder zu ändern. Der Mann hat ein erstes Arrangement auf dem Papier festgelegt, das er innert einiger Tage auf die Bühne umsetzt. So ist die Truppe sehr schnell imstande, mit dem Buch in der Hand das Stück dank dieses ersten Baues ablaufen zu lassen.

Im Laufe dieser undankbaren und prosaischen Arbeit machen sich die Schauspieler mit ihren Rollen vertrauter, und wenn nach acht oder vierzehn Tagen das Stück völlig arrangiert ist, können sie ihren Text mehr oder weniger. Der Souffleur, der das Stück nachliest, ist nun da, um ihnen «nachzuhelfen».

Wenn das zweite Stadium vollendet ist, beginnt eigentlich erst die wirkliche Arbeit, die aufreizende Arbeit, die diesen Beruf zu einer Kunst macht. Die Truppe probiert schon ungefähr drei Wochen (1 Woche Leseproben, 2 Wochen Arrangierproben), und nun tritt sie ins dritte, dramatische und berauschende Stadium ein, in dem man das Stück zum Erfolg bringt oder es verpatzt.

Es gibt drei Lager: das Lager der Schauspieler, das Lager des Stücks (der Autor, ob er noch lebt oder gestorben ist, wird mit dem Stück in allem und jedem identifiziert) und das Lager des Theaters.

Das Lager der Schauspieler

In einer Truppe gibt es, wenn man so will, drei Schauspielergruppen: die Alten, die Erwachsenen und die Anfänger. Mit den Alten arbeitet der Theatermensch sozusagen «à distance». Aus Rücksichtnahme, Achtung, Takt und Schlauheit. Das Berufsalter besitzt seine Rechte, das ist ein Brauch und auch eine verdiente Entschädigung für so viele Jahre Anstrengung. Der alte Schauspieler hat Erfahrung. Er ist für den Theatermenschen bereichernd, er bringt Traditionen mit, die, wenn sie auch nicht alle gültig sind (auf dem Theater wechselt der Geschmack rasch), um nichts weniger unerahnte Horizonte eröffnen können. Zwischen ihm und dem älteren Schauspieler besteht ein gegenseitiger Austausch. Indessen muss es dem Mann gelingen, den älteren von der Notwendigkeit einiger neuer Beziehungen, die über die gewohnheitsmässige Erfahrung hinausgehen, zu überzeugen. Die zwei Künstler beobachten sich: «Wohin führt er mich?» fragt sich der alte Schauspieler. «Wird er meine neuen Vorschläge annehmen?» denkt der Theatermensch. Ein grosses strategisches Problem für beide.

Denen gegenüber, die seiner eigenen Generation angehören, sind die Beziehungen brutaler. Die Erfahrung stammt aus der gleichen Quelle, und die Neuheiten sind den beiden nicht allzu fremd.

Bei den Jungen stellt sich ein doppeltes Problem. Zuerst müssen sie unterrichtet werden, bis man sie einsetzen kann. Der Mann unterbricht manchmal die eigentliche Arbeit am Stück und opfert einen Teil der Proben der reinen Abrichtung. Diese verlorene Zeit wird er später wieder zurückgewinnen. Oder er anvertraut den Jungen einem alten oder erwachsenen Schauspieler. Im Laufe dieser fieberhaften Stunden, die jeder in der Nähe des andern verbringt, entsteht eine Vertrautheit, eine fast körperliche Zuneigung, die der Theatermensch ganz besonders geniesst.

Es gibt zwei Arten von Theatermenschen: der eine bleibt bei den Proben der kühle Examinator seiner Truppe, der andere wird zum leidenschaftlichen «Schrittmacher». Der erste leitet die Proben vom Saal aus, wie ein idealer Zuschauer, der im Auftrag des Publikums zum Zensor geworden ist. Der zweite bewegt sich auf der Bühne neben den Schauspielern und nimmt zur Hälfte an ihren Bemühungen teil, um ihnen beim Finden zu helfen. Er möchte sie hypnotisieren.

Das Lager des Stücks

Wenn das Stück soweit aufgestellt ist, tritt es langsam in Erscheinung, und je mehr es zu leben beginnt, um so mehr verlangt es. Unkörperlich, aber lebendig wie alle andern, leistet es Widerstand, verweigert sich oder reisst mit. Auch das Stück sucht, es sucht nach einer Truppe. Unendlich sind seine Reaktionen, sehr oft störend, immer voller Kraft. Es ist grausam, es hat kein Mitleid mit den Schauspielern. Oft ist der Kampf ernst, aber stets hat das Stück das letzte Wort.

Das Lager des Theaters

Das ist das eigenste Gebiet des Theatermenschen. Er hat das Stück ausgewählt. Er hat es geliebt. Nach einer langen und langsamen Brutzeit hat es sich ihm plötzlich aufgedrängt. Er weiss, wohin er es führen muss, um ihm seinen vollen Erfolg zu sichern.

Aber da zerren es die Schauspieler nach allen Seiten. Da sträubt sich das Stück selbst und diktiert seinen eigenen Willen (der nicht immer derjenige ist, den der Theatermensch vorausgesehen hat!) Wird es ihm gelingen, die Richtung in diesem Durcheinander einzuhalten? Er muss, inmitten dieses Sturmes, trotz Wind und Strömung, vorwärts kommen und darf nie das Endziel aus den Augen verlieren (auch wenn er vorübergehend bereit ist, Konzessionen zu machen; er wird diese später zurücknehmen!).

Alle diese Leute, Schauspieler, Figuren, wirkliche und unwirkliche, haben eben auf der Bühne eine Schlacht geschlagen. Es ist sechzehn Uhr. Man hat einen ganzen Akt, Szene für Szene, auseinandergeschält, umgedreht, geknetet, zerlegt und wieder aufgebaut. Der Mann schaut von Zeit zu Zeit auf seine Uhr. Er weiss, dass der Akt ungefähr 45 Minuten dauert, und er möchte ihn vor fünf Uhr durchlaufen lassen, um die Arbeit, die geleistet wurde, festzulegen, Verbesserungen anzubringen und Fortschritte festzustellen.

Jetzt hat er gerade noch fünf Minuten Zeit, um eine Stelle, die er ein wenig weitertreiben möchte, noch einmal durchzunehmen. Die Verspäteten sind gekommen, jemand liest die Rolle der Erkrankten. Jetzt hat er alle seine Leute beisammen, es wäre unverzeihlich, nur eine einzige Minute zu verlieren. Der Theatermensch muss hart, starrköpfig und geizig sein. «Noch einmal die folgende Passage! Los! Frisch! Nachher lassen wir den ganzen Akt durchlaufen.» Man beginnt wieder zu proben, zu kämpfen, zu schwitzen. Gut. «Sagt allen, dass wir den ganzen Akt wie in der Vorstellung durchlaufen lassen, sagt, dass wir um fünf Uhr aufhören; nur noch eine kleine Anstrengung. Los! Fangen wir an!»

Diesmal springt er in den Saal, er hat sich niemals weniger müde gefühlt. Diese beiden Stunden haben ihn unempfindlich gemacht. Er setzt sich, mit Papier, Bleistift und einer Taschenlampe an das Brett, das man über zwei Sitzreihen gelegt hat.

«Löscht das Licht im Saal aus! Gebt ein wenig Rampe herein, man sieht nichts. Anfangen! Gebt alles her, wie wenn ich nicht hier wäre.»

Der Akt beginnt sich abzuwickeln: X hat nichts begriffen (Notiz); Y hat eben etwas Ausgezeichnetes gemacht (Notiz); diese Bewegung ist falsch (Notiz); einer verspricht sich immer an derselben Stelle (Notiz). Was? Fahren Sie ab! (Jemand war zu ihm getreten und wollte ihm etwas ins Ohr flüstern). Dieser blödsinnige Kerl hat mich eine ganze Stelle verpassen lassen (Notiz); es muss sich um die Probeabzüge für die Plakate handeln: «Ich komme gleich.» (Der Kerl hat endlich begriffen und verschwindet.) Diese Bewegung war schlecht

(Notiz), wenn sie gut gemacht wäre, könnte sie ausgezeichnet sein; im Moment wirkt sie erbärmlich. Wie könnte er sie fühlen, wenn sie so gemacht wird? Dieser da ist gut, er hat's geschafft (Notiz: festhalten!) usw., usw.

Der Theatermensch schaut auf seine Uhr. Der Akt scheint in der vorgesehenen Zeit abzulaufen. Die Bewegung eines Aktes hängt ganz von seiner Zeit ab. Eine Vorstellung variiert selten innerhalb dieser Zeit; wenn sie es tut, hat sich das Spiel, zum guten oder schlechten, geändert.

Er prüft gespannt, macht Notizen und schaut auf seine Uhr. Er hört nicht auf, das Spiel seiner Truppe zu beobachten und nach Möglichkeit zu kritisieren.

Der Akt ist zu Ende. Alle halten ein. «Danke. Geht nicht weg. Wir werden unsere Notizen besprechen. Der X?» «Er ist weg, er war ja nur am Anfang dran.» «O verfl...!» Der Theatermensch fasst dieses Weggehen als persönliche Beleidigung auf; er kann nicht mehr, er macht sich Luft und beschimpft sie: «Theaterbeamte, Sklaven! Ihr verdient das tägliche Brot nicht.» Aber alle wissen, dass sein Ausbruch nicht echt, sondern nur ein nervöser Anfall ist.

«Aber wir sind ja da.»

«Ich meine ja nicht euch.»

«Wen denn?»

«Ah ja, gut. Und der Y, geruht er hier zu sein?»

«Hier.»

Der Theatermensch wird ganz weich; aus einem tobenden Liebhaber ist ein zärtlicher Verliebter geworden. «Also, mein Lieber, das ist sehr gut, nur die eine Sache könnte noch besser sein, etc. — Ihr drei, vergesst mir nicht, dass ihr um fünf Uhr beim Schneider sein sollt!» «Es ist schon fünf Uhr zehn», schreit der Inspizient. — «Wartet, ich habe euch etwas zu sagen.» Der aufdringliche Mensch von vorhin erneuert seinen Angriff: «Man erwartet Sie wegen der Plakate!»

«Ich komme schon!»

Alle sind hinter ihm her; es ist die reinste Menschenjagd.

«Und wann ist jetzt die Probe?» fragt ein Kollege.

«Ah, ja, zum Teufel! Morgen um vierzehn Uhr, sagt es weiter.»

Eine gewichtige Stimme ertönt: «Man kann also fortgehen, ohne allzu unwürdig zu sein?»

Allgemeines Gelächter. Der Theatermensch lacht ebenfalls. «Mach, dass du fortkommst, du Sklave! Morgen um vierzehn Uhr.» Eine liebevolle Umarmung. «Und was machen wir?» «Wir machen natürlich weiter! Was für eine Frage!» «Ach ja, wartet noch, die Umbesetzungsprobe für die Kleine, heute abend, um 19 Uhr, wer gehört dazu? Hören Sie, Inspizient, beschäftigen Sie sich damit, ich muss die Plakate anschauen. Auf Wiedersehen, auf Wiedersehen. Auf bald!»

Er verlässt die lärmende Truppe, die hemmungslos schwatzt, und stürzt in den Gang, er entfernt sich rasch; eine Türe, zwei Türen, ein anderer Gang, drei Stufen, noch eine Türe. «Administration». Eine Stenodaktylo, ein Buchhalter, eine Kassiererin, die die Einnahmen aus dem Vorverkauf bringt. Eine zweite Tür: der Geschäftsleiter und der Drucker sind da. Der Korrekturabzug vom neuen Plakat hängt schon an der weissen

Wand. Wozu eigentlich über ein Plakat reden? Ist es wirklich die Aufgabe des Theatermenschen, sich damit herumzuschlagen? Hat er nichts Besseres zu tun? Aber es ist ja sein Los, von allem, vom Guten wie vom Schlechten zu kosten. Er erledigt also auch diese lästige Arbeit und klettert über die paar Stufen zu seiner Garderobe.

Sein Körper beginnt die Last des Tages zu spüren, die Müdigkeit steigt in ihm hoch. Zwei Personen, ein Autor und ein Journalist, erwarten ihn. Aus dem Stiegenhaus ruft er: «Der Dramaturg soll zu uns kommen!» Eine Garderobiere geht vorbei und verteilt die frisch gebügelten Kostüme. Denn nach jeder Vorstellung müssen die Kostüme wieder in Ordnung gebracht werden.

Ein normales Theater besitzt einen Direktor, einen Geschäftsleiter, einen Inspizienten und einen Dramaturg. Der letztgenannte befasst sich vornehmlich mit dem «Aussendienst»; er verschickt die Einladungen zu den Generalproben und Premieren, er hält die Beziehung zu Presse und Publikum aufrecht. Und er beschäftigt sich mit den Autoren ...

«Guten Tag, mein Lieber, einen Augenblick bitte! Ich muss nur der Sekretärin rasch etwas sagen, und dann bin ich ganz für dich da ... Guten Tag, meine Herren (der Journalist und sein Photograph), wollen Sie sich noch einen Augenblick gedulden.»

Er verschwindet hinter einer Türe. Die Schreibmaschine verstummt. «Hören Sie», sagt er zur Sekretärin, «wenn ich mit den Leuten dort fertig bin, kommen der Geschäftsleiter und ich zu Ihnen, dann können Sie mir alles, was heute passiert ist, erzählen.» «Gerne». «Nichts Schlimmes?» «Nein, aber dringende Sachen.»

Die Türe hat sich schon wieder geschlossen.

Der Theatermensch und der Autor schliessen sich in die Garderobe ein; der sanfte, geduldige Dramaturg wird auch noch dazu kommen.

Der Autor bedeutet für den Theatermenschen abwechselnd die Vorsehung, den Ruhm, die Katastrophe, die Verzweiflung, und fast immer Beklemmung. Es gibt kein Theater, folglich auch keinen Theatermenschen, ohne Autor. Ach! Das Problem der Autoren ist heikel. Die Kunst des Theaters ist vor allen Dingen die Kunst des Autors. Der Autor macht den Ruf eines Theaters aus: «Globe-Theater?» Shakespeare. «Porte Saint-Martin?» Hugo, Casimir Delavigne, Balzac. «Variétés?» Capus, Meilhac und Halévy, de Flers. «Theater Louis Jouvet?» Giraudoux.

Da die Theater ihren Ruf durch die Autoren gewinnen, erwerben sich die Theatermenschen ihren Ruhm in dem Maße, wie sie es verstehen, Autoren zu dienen, zu entdecken und sich mit ihnen zu umgeben.

In den grossen Theaterepochen spielte man nur Stücke lebender Autoren und sehr wenige «Klassiker». Es ist ein Zeichen der Armut, wenn man, um ein Theater mit Stücken zu versorgen, auf das klassische Erbe zurückgreifen muss (eine Ausnahme bildet die Comédie Française). Der Theatermensch dient der Sache des Theaters am besten, wenn er lebenden Autoren dient. Wenn er junge Autoren entdeckt, ist sein Ruhm vollkommen. Nur, ein Theater ist sehr teuer und das Herausbringen von Stücken mit immer mehr Kosten verbunden! Und wenn man etwas wirklich Gutes realisieren will, muss man frei und unabhängig durchhalten können. Die Verstaatlichung der Theater löst in dieser Beziehung das Problem nur teilweise.

Die Krise der Autoren besteht nicht darin, dass ihrer zuwenige oder unter ihnen keine Talente wären, sondern darin, dass sie ihr Handwerk nicht beherrschen, dass sie sich nicht bewusst sind, für wen sie ihre Stücke schreiben. Man denkt nicht genug an die Kollektivseele, der das Theater bestimmt ist, man denkt nicht genug daran, dass das Theater vor allem «Empfindung» für jeden beliebigen Zuschauer sein muss.

Die Statistiken beweisen, dass ein Theater vier von fünf Malen durch Werke lebender Autoren, und nur einmal von vieren durch Werke verstorbener Autoren, in Schwierigkeiten gerät. Eine logische Bemerkung, denn das Repertoire der verstorbenen Autoren setzt sich, per definitionem, aus alten Erfolgen zusammen.

Die lebenden Autoren indessen verstehen es anders: aus purer Interesselosigkeit und aus Habgier lasse man sie liegen, verkenne man ihr Genie und ihre Meisterwerke.

In vier von fünf Malen bringt also die Aufführung eines modernen Stücks das Theater dem Bankrott nahe. Manchmal aber bringt ein Autor sein letztes oder erstes Werk. Das Theater bringt es heraus. Das Publikum erwidert mit Rührung und Applaus. Die Einnahmen sind blendend. Das Theater saniert sich. Der Himmel ist blau, das Meer ruhig. Alle Schauspieler sind begabt. Man feiert die hundertste Vorstellung. Das Ausland verlangt, die Aufführung zu sehen. Der Ruf des Theaters und des Autors wird grösser. Man übersetzt das Stück ins Englische, Spanische, Italienische, Deutsche. Die Filmproduzenten kaufen die Autorenrechte (um meistens nur den Titel beizubehalten). Die ganze Welt liegt dem Autor — mit Recht — zu Füssen, und dieser findet «die ganze Welt» nett.

Zur gleichen Zeit aber muss der Theatermensch die Angriffe der andern Autoren, die sich bitter beklagen, er bringe nur Zugstücke heraus, über sich ergehen lassen. Der geringste Erfolg eines Autors entfesselt die Furien der ungespielten Autoren. All das ist übrigens menschlich, und der Theatermensch kann es gut verstehen. Er bedauert nur das ewige Missverständnis zwischen den Autoren und den Theatermenschen.

Der Theatermensch hat sich schon seit einiger Zeit mit diesem Autor, der übrigens ein Freund von ihm ist, in der Garderobe eingeschlossen und erinnert sich, während sie über Zukunftspläne sprechen, der Zwiste und der Begeisterungen, die sie bald vereint, bald getrennt haben.

Dein Bekenntnis, antwortet der Autor, erinnert mich an jene Frauen, die auf der Suche nach Gründen, einen Mann ausschlagen zu können, die Verteidigung des idealen Mannes übernehmen. Nehmt uns so, wie wir sind, mit allen unseren Vorzügen und Fehlern. Wir sind bestimmt nicht vollkommen, aber wir sind wenigstens lebendig.

Warum kommt ihr denn nicht häufiger zu uns und nehmt am Theaterleben, an unserem Handwerkerdasein, nicht teil? Denkt daran, dass die besten Autoren Tag und Nacht im Schosse des

Theaters lebten. Nicht nur Shakespeare, Molière und Racine, nein auch Aeschylos und Sophokles. Glaubst du nicht, dass man wieder den Sinn für das Handwerk bei den Autoren finden sollte?

Jeder spürt, gerade dadurch, dass sie sich widersprechen, wie nahe sie sich eigentlich sind. In der Tat gibt es zwischen den Autoren und ihren Theatermenschen nur Liebesgezänk.

Bald entfernt sich der Autor und mit ihm der Dramaturg, der das Manuskript trägt. Alle haben rote Wangen, die Vorstellungskraft ist wieder lebendig. «Seine Idee ist interessant, nur schade, dass es ein Moses oder ein Achill ist», sagt sich der Mann, wie er ihn begleitet. Aber schon hat sich der Journalist vor ihm aufgepflanzt. «Wie spät ist es denn?» «Sechs Uhr zwanzig», sagt der Dramaturg. «Ach, du lieber Gott! Nur fünf Minuten, lieber Freund, ich bitte Sie darum, ich habe noch so viel zu tun.» Er spürt, dass der Journalist enttäuscht ist. «Das Interview ist ein Geschenk, wer profitiert davon? nur Sie! Ich komme, um Ihnen einen Dienst zu erweisen.» Und das ist die reine Wahrheit.

«Warum haben Sie eigentlich diesen Beruf gewählt?» fragt zu guter Letzt der Journalist.

Ja, wirklich, ein seltsamer Beruf. Ganz ernsthaft betrachtet, kann man mit Berechtigung sagen, dass sich hinter der Wahl des Theaterberufes ein Ausweichen verbirgt ... Der Drang zur Flucht vor dem wirklichen Leben ist vielleicht stärker als die Anziehungskraft, die das Leben, das man wählt, ausübt. Dieser Beruf ist vielleicht nur dazu erfunden worden, einem anständigen Beruf entgehen zu können. Man verbringt seine Zeit damit, sich Illusionen zu machen, und befriedigt sich mit einem jämmerlichen Narzissmus und einer nicht weniger jämmerlichen Form des Exhibitionismus. Und ist der Exhibitionismus nicht die Verhaltensweise der Lebensuntüchtigen?

Man könnte noch lange so fortfahren ... Ich habe dieses unbewusste Verlangen, sich den Aufgaben des wirklichen Lebens zu entziehen, sehr oft bei gewissen jungen Leuten angetroffen. Dies ist auf jeden Fall die hässliche Seite unseres Berufes.

Aber wenn man die tiefen Gründe, die ein Kind zu diesem Beruf hinführen können, zu analysieren versucht, merkt man, dass man, um diesen Beruf richtig ausüben zu können, eine besondere Begabung zu «LIEBEN» besitzen muss. Ein für das Theater begabtes Kind ist von Geburt an von einer «allgemeinen LIEBE» befallen. Es liebt den Menschen und alles Menschliche in der Natur. Diese besondere Begabung zu lieben erlaubt ihm, sich ohne Schwierigkeiten in alles, was er liebt, zu versetzen. Es gibt ein Wort, das dieses Phänomen zu erklären vermag: *Mimetismus.*

Der zweite Umstand ist eine bestimmte Geisteshaltung, die der ganzen Umgebung eine menschliche Seele einzuhauchen versucht. In seiner Vorstellung wird alles *menschlich:* der Stuhl, das Feuer, eine Blume, der Regen, usw. Diese Begabung nennt man *Animismus.*

Wenn man so von Liebe erfüllt ist, dass man selbst das Objekt, das man liebt, werden kann, wenn man über die Begabung verfügt, diesem Objekt eine menschliche Seele zu geben, wenn man von der Kraft des Animismus und des Mimetismus erfüllt ist, dann kann man, glaube ich, sagen, man sei vom Theatervirus befallen. Dieses Virus ist eine Art *Liebeskrankheit*. Aber wohl verstanden! Erst nach vielen Jahren kann einer, der diesen Beruf ausübt, diese Ueberlegungen anstellen.

«Sie baten mich vorhin um eine Anekdote? Hier haben Sie eine, es ist zwar eher ein Kinderausspruch. Meine Mutter erzählte mir, dass ich, als ich noch ganz klein war, vier- oder fünfjährig, sagte: ‚In meinem Herzen drin ist es so voll wie in der Metro.'»

Ja, Menschenliebe.

Deshalb heisst unser Wahrspruch des Theaters: Für den Menschen — Durch den Menschen — Ueber den Menschen.

*

Unterdessen hat der Photograph auch seine Bilder gemacht. «Danke, ich verlasse Sie jetzt. Ich muss mich noch um die Geschäftsleitung kümmern.» (Nur bis um neunzehn Uhr fünfzehn, keine Minute später, schwört sich der Theatermensch.) Er verlässt den Journalisten und dessen Kollegen und geht ins Büro ...

Ein Theater, bestehend aus Bühne, Saal und einem Unternehmen, das schon dadurch, dass es Geld einbringen muss, zum Geschäftsunternehmen wird, und einem geistigen oder gesellschaftlichen Unternehmen, umfasst vier wohl unterschiedene Abteilungen:

Der technische Dienst, die «Technik» (Bühne);

Der Kontroll-Dienst (Saal);

Die Geschäftsleitung (im engeren Sinne);

Der dramaturgische Dienst.

Die «Technik» ordnet alle Berufsgruppen, die im Dienste der dramatischen Kunst stehen, um sich: Schreinerei, Beleuchtung, Tapeziererei, Färberei, die verschiedenen Schmiedeberufe, Tongeräte (Grammophon, Lautsprecher, Tonbandgeräte), Malerei (Oel-, Anilin-, Leimfarben), Antiquariat, Basar, Flohmarkt, Nippsachenladen, Getränke, Konditorei, Schneider, Waffenladen, Friseur, Feuerwerker etc. etc. Kurz alles, was die Menschen im Leben für sich brauchen, ist hier in einem ganz *entsprechenden* Auszug vorhanden.

Der Dramaturg besorgt, wie wir gesehen haben, die Beziehung zur Aussenwelt, Zeitungen, Kritiken, Autoren und Publikum; er versieht den Dienst des moralischen, geistigen und gesellschaftlichen Teils.

Der Hauptkontrolleur befasst sich mit dem Theatergebäude und dem Saal: Heizung, Röhren, Stuhlreparaturen, Teppichreinigung, Kasse, Vorverkauf, Reklamevorhang, Programme, Garderobe, Bar, Schaukästen etc. etc. und am Abend: Empfang des Publikums. Er muss so handeln, dass jeder Zuschauer glaubt, er werde vom Theater persönlich empfangen. Die Atmosphäre, die am Abend bei der Kontrolle herrscht, bestimmt — im günstigen oder ungünstigen Sinne — das ganze Publikum.

Endlich ist da noch die eigentliche Geschäftsleitung, Sekretärinnen, Rechnungsführer und Buchhalter, die vom Geschäftsleiter behütet werden. Diese Dienstabteilung befasst sich mit der Bezahlung der Rechnungen, der Gagen der Künstler und der ganzen Belegschaft, mit den Sozialabgaben und bezahlten Ferien, sie befasst sich mit der eigentlichen Buchführung (um den Besuchen von Steuerbeamten gewachsen zu sein) und mit der Bilanz der Gesellschaft; zudem mit Geschäfts- und anderer Korrespondenz; schliesslich legt der Geschäftsleiter, wie jeder weiss, nur annähernd, das Budget fest.

*

Die Schreibmaschine ruht, und die Stenodaktylo nimmt Briefe ins Stenogramm. Der Geschäftsleiter sitzt hinter seinem Schreibtisch. Der Theatermensch hat einen Stuhl genommen und sitzt wie ein «Kunde» da. Dieser Geschäftsbetrieb wickelt sich in einem «familiären» Rahmen ab. Die Daktylo gibt ihre Ansicht zum besten, der Geschäftsleiter erfindet neue Projekte, der Theatermensch leitet das Geschäft mit einem Lächeln. Der ganze Laden amüsiert ihn. Er denkt an seine Kindheit zurück, als er «Verkaufen» spielte. Er weiss, dass er im Grunde eine Vagabundenseele hat, und das einzige, das ihn ernsthaft werden lässt, ist das Bewusstsein, dass er für die ungefähr hundert Personen, die von diesem Unternehmen leben, verantwortlich ist.

Oeffnen wir jetzt die Post: junge Leute, die zum Theater wollen, Manuskripte, weitere Rechnungen. «Aha, ein Brief unseres Impresarios für die Tournee in sechs Monaten: es ist höchste Zeit! Sobald er da ist, sofort den Vertrag besprechen! In drei Tagen ist er in Paris!» Er diktiert das Telegramm: «Sofort ein Rendezvous vereinbaren.»

Du heiliger Gott! Es ist sieben Uhr. Ich muss zur Verständigungsprobe für die Umbesetzung. «Hat die XY immer noch nicht angerufen?» «Nein.» «Ich gehe jetzt auf die Bühne, rufen Sie an, damit wir wissen, was los ist, oder rufen Sie besser den Arzt an.»

Während er durch die Gänge eilt, denkt der Theatermensch an die berühmte Mutter Bouglione, die seinerzeit in ihrem alten Wohnwagen über die Landstrassen zog. Ein grosses Waschbecken balancierte zwischen den Rädern im Rhythmus des Pferdeschrittes. Das war, sagt man, die ganze Administration der Familie Bouglione. Man schüttete die Einnahmen hinein. Hatte man etwas zu bezahlen, schöpfte man heraus. Erschien der Boden, schnallte man den Gürtel enger. Wenn die Oberfläche den Rand erreichte, durften die Pferde eine doppelte Haferportion bekommen. Das war richtige Theater-Buchhaltung, denn im Grunde genommen ist alles gleichgeblieben.

Am Kopf unserer Buchhaltung sollte man schreiben: Die ewige Notwendigkeit, Steuern zahlen zu müssen, verursachte Kosten. Für den Rest würde das Waschbecken der Mutter Bouglione genügen.

Das ist offensichtlich der Standpunkt eines

«Künstlers» . . . Nun, morgen werden wir die Abrechnungen ansehen.

Er ist wegen der Verständigungsprobe schon wieder auf der Bühne. Die Stellvertreterin ist im Kostüm der andern. Es steht ihr beinahe. «Ist Paulette da?» (Die Obergarderobiere.) «Sie soll kommen.» «Hast du ein Korsett an?» «Nein.» «Du wirst ohne Korsett keine Haltung in einem Stilkostüm haben.» «Ich habe eins zu Hause.» «Man soll es holen.» «Es ist niemand dort.» «Dann nimmst du ein Taxi, ich will dich im Korsett haben.» Paulette kommt. Vorn muss man den Rock heben, den Saum auftrennen und hinunterlassen, denn der Rock ist ein wenig kurz. «Uebrigens hat es für die Kleine zuviel Unterzeug, nehmen Sie eine Lage weg!» «Zuerst einmal den Text», sagen die Kollegen, «sonst haben wir keine Zeit mehr, vor der Vorstellung etwas zu uns zu nehmen.» Solche Umbesetzungsproben machen die Schauspieler und den Theatermenschen nervös. Im Theater kann man mit wirklicher Freude nur vor Publikum spielen oder ein neues Stück einstudieren. Der Theatermensch ist traurig, und der arme Schauspieler, der sich dafür opfert, die Situation zu retten, ist das unglücklichste menschliche Wesen. Er merkt, dass alle Kollegen wütend sind, dass sie einen Text, den sie jeden Abend sagen, nur so trocken hersprechen müssen. Er hat Angst, sie in ihren Bewegungen zu stören, denn gezwungenermassen hat er nicht dieselben Bewegungen wie der Kollege, den er vertritt. Er weiss, dass der Theatermensch seine Inszenierung auf einmal auseinanderfallen sieht. Und er weiss auch, dass er selbst keine Freude haben wird, zu spielen, denn das Lampenfieber wird ihn bald lähmen. Und wenn er trotzdem weiter arbeiten will, dann nur aus Liebe zur Sache selbst, aus Liebe für die Kollegen und für das Theater.

Um diese ganze Last ertragen zu helfen, muss der Theatermensch, auch wenn es ihm nicht selbstverständlich ist, zu Aenderungen in der Inszenierung Zuflucht nehmen. Statt die Stellvertreterin in die Inszenierung einzubauen, baut er die Inszenierung um sie herum. Das bringt die Gewohnheiten der andern durcheinander und versetzt das Blut in Bewegung. Und nach einer halben Stunde hat nicht nur jeder seine Routine völlig vergessen, sondern er findet neues Interesse, und der Theatermensch ist sicher, dass alle Kollegen, die nicht mitspielen, in den Kulissen stehen, um ihre Kollegin zu unterstützen und um zu sehen, was aus der in neuer Art gespielten Szene werden wird.

Denn der Todfeind des Theaters ist die Routine. So hat der Theatermensch seine Truppe wieder aufgeweckt, und während die Garderobiere der Neuen bei den Kostümänderungen hilft, denken die andern nicht mehr ans Essen, sondern sie diskutieren angeregt. Die Sekretärin hat sich leise genähert: «Die Kranke ist immer noch im Bett, sie hat am Telefon geheult.» «Wenn Sie heimgehen, kaufen Sie bitte zwei Veilchensträusschen, eines für die da und das zweite bringen Sie der andern.»

Der Beleuchter löscht das Bühnenlicht; das ist seine Art mitzuteilen, «es wird geschlossen». Alle verschwinden.

«Wie spät ist es?» «Sieben Uhr fünfunddreissig.»

Der Theatermensch geht in seine Garderobe zurück. Sein Kopf dreht sich. Er hängt vor seine Türe ein Schild: «Ruhe!»

Er schreit durch den Gang: «Ich schlafe zwanzig Minuten, Anaïs! (seine Garderobiere, das heisst seine Mutter, seine Pflegerin). Bringe mir meinen Tee um zwanzig Uhr fünf.»

Er schliesst sich ein, löscht das Licht und legt sich auf das Sofa, das in einem Stück mitgespielt hat. Ein zwanzigminutenlanges Untertauchen ... Die Bühnenarbeiter reinigen die Bühne, bauen das Bühnenbild, und die Beleuchter stellen die Scheinwerfer auf. Die Schliesserinnen kommen in den Saal und warten schwatzend, bis es Zeit ist.

Vor dem Theater bilden die «Getreuen» eine Schlange, um billige Plätze zu bekommen. Die Türlampen werden hell.

In den Garderoben legen die Garderobieren die letzte Hand an Kostüme, Schuhe, Schwerter etc. Die Coiffeuse dreht Löckchen, bringt die Perücken zum Glänzen und legt die Schminksachen zurecht. «Die Götter der Illusion machen sich bereit zu erscheinen.»

... Ein verschwommenes Geräusch von einer Teekanne, einem Löffel, kochendem Wasser, einer Blechbüchse mit ein paar Biskuits meldet dem Theatermenschen, dass der Moment des Erwachens gekommen ist.

Ja, im Laufe dieser zwanzig Minuten soll der Theatermensch verschwunden und der Schauspieler wieder zum Vorschein gekommen sein. In der Theorie stimmt das, aber in Wirklichkeit verschwindet der Theatermensch nie völlig, und das ist für den Schauspieler ein grosses Hindernis. Er kann nicht umhin, während des Spiels die Aufführung zu überwachen. Er beobachtet seine Kollegen, ihre Fehler, ihre Improvisationen. Den kleinsten Lichtfleck, der nicht die gewünschte Stärke hat, spürt er. Es muss nur ein Möbel an einem falschen Ort sehen, und schon ist er verwirrt. Er muss also seine Willenskraft verdoppeln, um seine Figur aus dieser Verschwörung von Ablenkungen zu retten.

Der Inspizient lässt durch die Lautsprecher in den Garderoben folgende Meldung ertönen: «In 25 Minuten fangen wir an.» Erstes, noch nicht alarmierendes Signal. Jeder Schauspieler, der im ersten Akt zu tun hat, sollte in dem Moment da sein, sonst muss die Garderobiere seine Abwesenheit melden.

Die Truppe ist geschminkt.

«In einer Viertelstunde fangen wir an.» Jetzt ist keine Zeit mehr zu verlieren. Die Spannung steigt. In der Regel sollten die Masken fertig sein; man zieht das Kostüm an.

«Auf die Bühne für den ersten Akt.» Das will heissen: in fünf Minuten fangen wir an. Der Schauspieler sollte sich nur noch ein letztes Mal im Spiegel ansehen müssen.

Der Theatermensch ist schon seit dem zweiten Signal auf der Bühne. Wie ein Pilot vor dem Start alle Hebel kontrolliert, prüft er das Funktionieren der Dekorationsstücke, die «mitspielen», die Requisiten und vor allem das Licht. Erst wenn er alle «Gradmesser seines Apparates» geprüft hat, verlässt er sich auf die «Gnade Gottes» und übergibt dem Oberinspizienten das Kommando.

Und während drei Stunden löst sich der Theatermensch auf. Man sieht ihn nicht mehr, oder fast nicht mehr. Aber nach der Vorstellung, kaum ist der Vorhang gefallen, kommt er wieder zum Vorschein.

«Gut, mein Kind, du warst grossartig; du wirst glücklich sein, dass es vorbei ist.»

Die Schauspieler umringen ihre junge Kollegin und beglückwünschen sie im Chor. Sie, die kleine Kokette, ist natürlich mit ihrem Spiel nicht zufrieden. «Zu verwirrt! Lampenfieber! Zum ersten Mal! ... »

«Du dort, ich habe dir etwas zu sagen.»

«Warum?»

«Warte, ich komme gleich. Wegen deiner Szene im dritten Akt. Du bist nicht mehr drin. Und du hast in der Angriffsbewegung im zweiten Auftritt nachgelassen.»

«Fernand! (der Beleuchter) Hast du gemerkt, dass der Elfer während der Szene ,Sein oder Nichtsein' nicht drin war? Dafür war in der Szene mit der Mutter der Sechser zu knallig.»

«Emile! Wo ist Emile? Viel zu viel Lärm vor dem letzten Bild. Wirklich, man könnte meinen, ihr würdet wegen der zwei Sessel einen Riesenumzug veranstalten. Das ist für die Schauspieler entsetzlich, und der zweite Sessel war nicht am Platz, als das Licht wieder brannte.»

Die Truppe steigt wieder in die Garderoben hinauf und kommentiert die «Partie». Uebrigens fühlt man sich nach einer Vorstellung so wohl, leicht und erschöpft. Ein paar Freunde kommen zu Besuch, und man spricht vom Stück, das man noch ein wenig mehr lieben gelernt hat. Man befreit sich von den Schuhen und dem ganzen Brimborium, man ist — und das mit Recht — schmutzig und schweissgebadet, man hat Hunger und Durst, das Blut eilt durch die Adern. Jetzt hat man Zeit, die Mühen des Tages auszukosten.

«Sie haben mir versprochen, den Spielplan zu geben. Der Drucker kommt morgen früh.»

«Ach, das ist ja wahr. Wie lästig Sie sein können.»

«Ich bin doch nicht schuld.»

«Ich weiss, ich weiss, ich meinte auch nicht Sie.»

«Wen denn?»

«Den Theatergott.»

«Gibt's so was?»

«Ich werde es Ihnen zeigen, es ist ein unverständlicher Gott. Ich komme gleich.»

Der Theatermensch hat ebensowenig Lust, sich mit der Geschäftsleitung zu befassen, wie ... sich ins Wasser zu stürzen. Aber er steht bereits unter der Dusche.

«Anaïs!» «Ja?» Die Garderobiere gibt ihm den Bademantel. «Nach der letzten Vorstellung, d. h. in vier Monaten, gibst du mir eine ‚Gauloise bleue‘.»

«Jawohl, jawohl! Aber vorher nicht!»

Gerade jetzt würde eine Zigarette so gut schmecken!

Wie lästig ist das alles, wiederholt er, ohne daran zu denken, während er seinen Geschäftsleiter aufsucht, um den Spielplan festzulegen.

Ein Theater, das mehrere Stücke nebeneinander spielt, ist ein Repertoire-Theater. Der Rhythmus des Nebeneinanders erhält die Vitalität eines Theaterunternehmens. Der Schauspieler spielt an einem Tag eine grosse, am andern eine kleine Rolle. Die kleinen Rollen werden also gut gespielt. Dadurch, dass er in kurzem Abstand die verschiedensten Rollen spielt, wird der Schauspieler geschmeidig und macht Fortschritte. Durch die Vielfalt all dieser Rollen lernt man schliesslich die künstlerischen Möglichkeiten des Schauspielers besser kennen.

Das Kommen und Gehen der Stücke verlangt eine grosse technische Belegschaft. Das ist vielleicht kostspielig, aber es erhält den Beruf. Dadurch, dass man dank dem Nebeneinander von Stücken in regelmässigen Abständen ein neues Stück herausbringen kann, bildet sich das Theater im selben Moment ein eigenes Publikum, das seinen Bemühungen folgt, es darin unterstützt und ihm ermöglicht, unabhängig vom Zufallspublikum, das sich immer nur für Erfolge interessiert, zu leben.

Das Repertoire lässt Irrtümer ertragen und das treue, immer interessierte Publikum entschuldigt sie. Wieviele Stücke hätte der Theatermensch nicht herauszubringen gewagt, hätte er kein Repertoire gehabt. Endlich erlaubt das Repertoire dem Theatermenschen dadurch, dass er regelmässig in den Meisterwerken der Klassik untertauchen kann, Versuche anzustellen und auch die modernen Autoren nicht zu vergessen. Durch das Studium der Klassiker kann sich eine Truppe ernähren und Fortschritte machen. Sie steigt zu den Quellen hinab. Auf der Suche nach dem *richtigen Ton* findet sie den *Stil*. Sie wird sich der *Dichtigkeit* und der *Sparsamkeit* dieser Harmonie, die der einzigartigen Verbindung von Genie und gutem Geschmack entstammt, bewusst.

Im Gegensatz zu dieser klassischen Nahrung kann sich die Truppe Expeditionen in mehr oder weniger unbekannte Regionen der dramatischen Kunst erlauben, das heisst, sich Experimenten widmen.

Die wichtigste Aufgabe des Theatermenschen ist es, den modernen Autoren zu dienen. Wenn er bei seinen Versuchen dem Geschmack des «Absoluten» folgt, so zwingt er sich bei der Auswahl der modernen Werke im Gegenteil zu einer eklektischen Haltung.

Wenn auch das eigentliche Studium des Wortes und der blossen Aussprache seine Aufmerksamkeit ununterbrochen anzieht, weiht er sich doch ganz besonders dem Studium der Gebärde, und er überlässt sich der sehr interessanten, nützlichen und hochpoetischen Kunst der Pantomime.

So glaubt er, seine Kunst mit dem Sinn eines Handwerkers in allen ihren Zweigen zu betreiben.

In der Theorie hütet er sich vor allen festgefahrenen Ideen und Formulierungen.

Sein grundlegendes Bestreben geht danach, für ein *freies und lebendiges Publikum lebendiges Theater* zu spielen und sich dabei auf die ewigen, allen «Schulen» gemeinsamen Gesetze zu berufen.

*

Die Daten des Spieplans sind festgelegt. Man musste dabei dem Wechsel der Dekorationen, den

Ueberstunden, den Urlaubsgesuchen der Schauspieler, ihrer Ermüdung und schliesslich dem Zusammenklang aller Aufführungen Rechnung tragen.

Die Schauspieler sagen sich durch die Tür hindurch «auf Wiedersehen». Der Nachtwächter geht mit seiner Laterne vorbei. Der Theatermensch zieht sich wieder einmal um. Aber da es zum letzten Mal ist, beeilt er sich damit.

«Gute Nacht, Herr Neveux!»

Und schon ist er auf der Strasse. Es ist bald ein Uhr nachts. Die Luft ist frisch, er ist nicht schläfrig. Sein ganzes Wesen ist noch unter Druck. Wie schön wäre es, zu Fuss durch Paris, diese bewunderungswürdige Stadt, die sich von der belebenden Luft der Wälder, die sie umgeben, durchdringen lässt, nach Hause zu gehen. Aber ach! Man muss vernünftig sein, man muss essen und, wenn möglich vor dreieinhalb Uhr, schlafen gehen; denn morgen, nein, gleich wird ein schwerbeladener Vormittag beginnen.

Wie aufreibend ist das alles!

Aber wie gut das heute abend gegangen ist!

Die Kollegen waren ausgezeichnet; diese Kleine hat ihre Rolle sehr gut gespielt; es wird eine Freude sein, mit ihr zu arbeiten ...

Eine schneeweisse Küche, ein Beefsteak, Salat, gezuckerte Orangen. Der Geist verlangsamt seine Geschwindigkeit und wendet sich der Meditation zu. Der Tag ist zu Ende.

Und wie der Theatermensch in Schlaf sinkt, ist sein Geist schon wieder auf den morgigen Tag hin gerichtet.

Für jedes neue Stück, ob die Probenzeit 3 Wochen, 3 Monate oder 6 Monate beträgt, hat man immer zu wenig Zeit. Es ist nicht zu erklären, scheint absurd, ist aber beim Theater gesetzmässig.

Die Bühnenbilder von Giraudoux' «Um Lukretia», (dem einzigen Stück von ungefähr dreissig in acht Jahren), bei dem wir die Première verschieben mussten, waren schon sechs Monate vorher fertig. Ergebnis: im Einverständnis mit ihrem Schöpfer A.-M. Cassandre mussten sie im letzten Moment neu gemacht werden, weil sie gleichsam überholt waren.

Ist dies die natürliche Folge des eigentlichsten Wesens des Theaters? Oder ist es einfach eine ärgerliche «déformation professionnelle»? Wer kann es wissen? Eines nur steht fest: auch der Gewissenhafteste hat zu wenig Zeit.

Darin gleicht das Theaterleben der Liebe. Kann man sich vorstellen, dass der Verliebte sehr lange vor der Zeit «bereit» ist? Nein, der Gedanke an das Ereignis muss nahe sein, glaube ich. Auch im Theater ist es ein bisschen so; aber es gibt auch noch andere Ursachen, die wir im Dunkel lassen wollen. Etwas Dunkel gibt dem Leben Geschmack.

So geschieht es, dass man immer, wenn der Tag der ersten Aufführung eines Stücks näher rückt, trotz allen Vorsichtsmassnahmen zu wenig Zeit hat. In diesem Augenblick muss der Theatermensch das Steuerruder festhalten. Die Leute von der Technik bekommen düstere Gesichter oder reklamieren; die Schauspieler, von Schreck erfüllt, haben weiche Knie; die Angst vernichtet die einen, der Zorn macht die andern hart.

Er muss die Leute von der Technik beruhigen und die Schauspieler aufmuntern. « Langsam », sagte Marschall Foch, «es eilt.»

Der erste Hauch einer Panik erhebt sich bei der Verteilung der Kostüme. Die Kostüme wurden in einem Atelier nach Figurinen des Malers ausgeführt. Meistens wird diesen Figurinen nicht Folge geleistet. Der Kostümkünstler ist genau so talentiert wie der Maler und überträgt dessen Ideen auf den Schauspieler. Die Schwierigkeit, mit den vorhandenen Stoffen den richtigen Ton zu treffen, verlangt nach Aenderungen. Der Maler selbst macht auch eine Entwicklung durch, er entdeckt entzückende Effekte und erfindet immer weiter.

Der Schneider betrachtet das Kostüm unter einem ganz anderen Gesichtspunkt als die Theaterleute. Im Atelier passt das Kostüm dem Schauspieler, es gefällt dem Bühnenbildner und dem Theatermenschen, der wiederholt die Anproben überwacht.

Die Kostüme hätten an einem bestimmten Tag geliefert werden sollen, aber die Schneiderin war überlastet und hatte keine Zeit. So konnte die Lieferung erst heute stattfinden. Die eigentlichen Proben fallen aus — übrigens können die Schauspieler ihre Rollen sehr gut, das wird sie etwas beruhigen und zur Erhaltung ihrer Frische beitragen — sie werden heute nachmittag die Kostüme auf der Bühne probieren.

Auf dem Probenplan steht:

Vierzehn Uhr: alle Beteiligten im Kostüm.

Neun von zehn Malen sind um vierzehn Uhr die

Kleider noch nicht da. Die Schneiderinnen sind, wie wir gesehen haben, ebenfalls Künstlerinnen und ausserdem meistens Russinnen ... ja, die Pünktlichkeit ...

Im Augenblick herrscht in den Gängen ein herrliches Durcheinander; die ersten Kostüme sind angekommen, und die Schauspieler werden ungeduldig. Neue Kostüme sind für den Schauspieler wie eine neue Familie, in der er jetzt leben soll.

Hier bringt man dem Schauspieler die äussere Hülle für seine Figur, die er seit Wochen sucht, zu finden glaubt, verliert und wieder findet, die er meistert, quält und bändigt; diese Hülle beginnt zu leben, wenn er sie am Körper hat, aber sie ist nicht von ihm selbst geschaffen worden. Natürlich hat er Stoffe und Bänder gesehen, natürlich hat man ihn nach seiner Meinung gefragt, aber dort im Atelier oben war er nicht in seinem Element, er hat alles über sich ergehen lassen. Es ist eine bedeutungsvolle Stunde. Wie wird sich dieses Kostüm auf der Bühne ausnehmen? Wie wird sich die Figur (denn jetzt handelt es sich nicht einmal mehr um den Schauspieler) darin einrichten? Manchmal findet die «Begegnung» zwischen dem Kostüm und der Figur statt; eine solche Begegnung macht den Schauspieler glücklich.

Oft jedoch ist die erste Fühlungnahme peinlich; die Figur fühlt sich in ihrer Umhüllung beengt und — schliesslich hatte sie nichts verlangt — entflieht trotz den verzweifelten Hilferufen ihres Schauspielers, der seit Wochen «so viel für sie getan hatte».

Deshalb ist es verständlich, dass die Schauspieler so oft über die Bühnenbildner losziehen. Das ist der

Einsatz dieses Tages: werden sich die wenigen Minuten, in denen die Figuren in die für sie vorgesehenen Kostüme eingekleidet werden, mit einer bestürzten Flucht dieser Figuren bezahlt machen? In diesem Falle ist das Stück erledigt, und die ganze Anstrengung der letzten Wochen war umsonst. Oder das Stück macht dank der geheimen Zustimmung derselben Figuren zur allgemeinen Freude der ganzen Truppe und vor allem des Theatermenschen, auf dem die ganze Verantwortung liegt, einen Riesensprung vorwärts.

Während die Schauspieler aus guten Gründen vor dieser Begegnung Angst haben, wird der echte Theatermensch von einem «Lampenfieber», das mit seiner grossen Verantwortung noch wächst, erfasst.

«Sind die Schuhe da?

«Nein, noch nicht.»

«Wie sollen wir die Kostüme ohne Schuhe beurteilen? Das ist stupid.»

«Man hat gerade nochmals telefoniert.»

«Und die Wäsche?»

«Sie ist unterwegs.»

«Mein Gott! . . . (und leise) wir haben keine Zeit mehr.»

Dieser kurze Dialog spielte sich zwischen der Bühne, wo sich die Obergarderobiere befindet, und dem Saal, wohin sich der Theatermensch in der illusorischen Hoffnung, seine Kollegen im Kostüm erscheinen zu sehen, geflüchtet hat, ab.

Er schaut auf seine Uhr — ein Theatermensch arbeitet nach der Uhr, seine «Kunst» wird unter der Herrschaft der Uhr ausgeübt — das ist aufregend. Er drückt sich zwischen den Sesseln durch und kommt wieder in die Garderoben. Die jugendlichen Helden stehen im Slip, die älteren in ihren Bademänteln, die jugendlichen Heldinnen bewegen sich in ihren dünnen Schminkmänteln.

Die ganz Gewissenhaften haben sich geschminkt. Eine Louis XIV.-Perücke spaziert mit einem kahlen Körper umher. Auf zwei behaarten Beinen treibt ein Paar Sockenhalter mit einem Leibchen ein liebenswürdiges Spiel.

Was für ein Durcheinander! O Gott, wo ist denn das Stück geblieben? Wo sind jene erleuchteten und göttlichen Augenblicke unserer Anfänge, in denen sich das Stück während eines beschaulichen Traumes in der Ueberwirklichkeit abspielte?

«Die Stiefel und Schuhe sind da!»

«Hier, Frau Galvin! Frau Galvin!»

«Und das soll das Schwert sein, das Sie für mich ausgesucht haben?»

«Es werden andere kommen, begnügen Sie sich für heute damit.»

«Nie komme ich in diese Rüstung hinein, sie ist viel zu eng.»

«Zieht eure Kostüme an und kommt herunter!»

Was für ein Durcheinander, mein Gott, was für ein Durcheinander! Er schaut auf seine Uhr.

«In einer halben Stunde alles auf die Bühne, weitersagen!»

Der Inspizient entfernt sich, geht von Garderobe zu Garderobe und wiederholt den einen Satz.

Der Theatermensch geht in die Garderobe der Hauptdarstellerin.

«Darf man eintreten?»

«Wer ist da?»

«Ich.»

«Herein.»

Hier herrscht Schweigen; die Obergarderobiere ist mit einer Hilfe da. Die Frau zieht sich an und empfängt ihn leise und andächtig. Auf dem Tisch liegen massive Schmuckstücke bereit. Der Mann sagt beim Eintreten zu sich: das ist sie! Das heisst die Figur, die er erträumte. Zum ersten Mal sieht er sie realisiert. Er ist gerührt.

Was sagt wohl die Schauspielerin zu sich? «Das bin ich!» oder «das sind wir!» oder «das ist sie!» Niemand weiss es. Sie ist nicht hingerissen, sie führt einen innern Kampf. Wenn man doch wissen könnte, was in einem Schauspieler im Augenblick, wo er sich seines Kostüms bewusst wird, vor sich geht!

Nachdem der Theatermensch die Rührung empfunden und ausgekostet hat, versucht er, mit ruhigem Kopf einen Fehler, den das Publikum sicher bemerken wird, zu entdecken. Ach! Man kann es nur vom Saal aus beurteilen. Er geht weg, nicht ohne einen ehrfüchtigen Kuss auf die Stirne der Frau, die seinem Traum Gestalt verleihen wird, zu drücken.

Eigentlich möchte er sie alle umarmen, alle anziehen, alle um Verzeihung bitten. Er möchte sie pflegen, waschen, ihnen alles, was sie wünschten, herbeibringen. Gegenüber dieser Anwandlung allgemeinen Wünschens fühlt er sich arm. Er möchte mehr Mittel zur Verfügung haben. Es ist ihm nicht wohl. Er geht weg.

In den Gängen ist es ruhiger geworden. Die Garderoben sind stiller, nur von Zeit zu Zeit hört man ein Aufstampfen oder einen unterdrückten Fluch,

der wohl einen widerspenstigen Knopf beeindruk-
ken soll.

Er steigt in den Saal hinunter.

«Fernand, gib die Rampe hinein.»

Auf der Bühne leuchtet ein halb gelbes, halb rosa
Weiss auf. «Wer fertig ist, soll herunterkommen.»

Was folgt, ist eine Reihe von Ueberraschungen.

Ein Kostüm, an dem man zweifelt, wird plötzlich gut; ein anderes, dessen man sich sicher glaub-
te, fällt fürchterlich auseinander; ein Schauspieler,
der auf den Proben Mühe hatte, erscheint plötzlich
grossartig in seiner Rolle; ein anderer, der sonst
sehr gut gearbeitet hat, fühlt sich beengt, gebunden, gefangen: «Er bildet kein Ganzes»; der eine
ist verlegen, wieder ein anderer stolz, entzückt, begeistert.

Eine Gruppe wächst wie gewünscht zusammen,
einem andern Kostüm will es nicht gelingen, zu
den andern zu passen. Jedes Kostüm wird unter
die «Lupe» genommen, für jedes wird ein Zettel
geschrieben.

Kurz, die Bühne setzt ihren unbeugsamen Willen
durch, der Theatermensch kann nur noch gehor-
chen. Er erlebt abwechslungsweise scheussliche
Qualen und kindliche Freuden. Plötzlich ist er in
Schweiss gebadet, aber gleich beim nächsten Kostüm blüht er wieder auf. Er eilt von Ueberraschung zu Ueberraschung.

Man kann sich die Ueberraschungen, die die
Bühne bereithält, wirklich nicht vorstellen. Für
«Um Lukretia» hatte Edwige Feuillère zwei Ko-
stüme erhalten, Madeleine Renaud ein einziges. Die
Figuren verlangten es so. Edwige erscheint in ihrem
ersten Kleid: es ist vollkommen. Das zweite ebenso.

Madeleine erscheint: vollständig missraten! ein weisser Käse. Edwige steigt glücklich in ihre Garderobe. Für Madeleine lässt man Stoffe holen, sie probiert sie auf der Bühne; für den einen entschliessen sich sofort alle.

Nach vier Tagen ist das Kleid fertig. Madeleine erscheint: das Kleid ist vollkommen. Vorsichtshalber hatte sich Edwige ebenfalls umgezogen, damit wir das Zusammenspiel der beiden Figuren sehen können. Und nun passte der Feuillère das erste Kleid nicht mehr, das zweite behielt seine Schönheit. Das vollendete Kleid von Madeleine tötete das erste von Edwige, stimmte aber mit dem zweiten prachtvoll zusammen.

Das sind die Geheimnisse der Bühne.

*

Der zweite Panik-Sturm erhebt sich im Augenblick, wo das Stück zum ersten Mal in den Kostümen und *Bühnenbildern* abrollt, wobei die Beleuchtung noch immer provisorisch ist.

Jetzt müssen sich die Rollen nicht nur in ihren Kostümen, sondern auch im Raum einrichten. Das Theater besteht in der Kunst, den Menschen in einem ebenfalls neuerschaffenen Raum wieder lebendig zu machen. Diese Wieder-Erschaffung des Raumes ist selbstverständlich theoretisch berechnet worden, jetzt wird sie konkret. Die Vorstellung geht in eine sonderbare Wirklichkeit über. Wird diese sonderbare Wirklichkeit die von der Figur erträumte Atmosphäre wiedererschaffen?

Manchmal kann die Ankunft der Dekoration viel zur Schaffung dieser Atmosphäre beitragen;

oft aber wirft sie diese aus dem Gleichgewicht und bringt die ganze Truppe aus der Fassung. Jene bemüht sich um eine klägliche Anpassung, die die geleistete Arbeit zu zerstören droht. Manchmal kommt es sogar vor, dass die Dekorationen alles «schmeissen».

Der Theatermensch muss eine Katzenbeweglichkeit und rasche Reflexe besitzen. Er muss «sehen». was passt; entdecken, was stört; entscheiden, was wegzunehmen, was nochmals zu machen ist. In diesem Augenblick muss er alle Kräfte zusammennehmen und seine erste Vision wiederfinden und sich darin hartnäckig behaupten. Denn jetzt werden sich alle auf das arme Tier stürzen. Tief gekränkt gibt jeder seine Ansicht zum besten.

Und nachdem die Kostüme die Schauspieler schon vermiest und die Bühnenbilder das Theater in einen Glutofen verwandelt haben, kommt als dritte Unglückswoge die *Musik* mit dem Dirigenten und den Musikern hinzu. Die Musiker sind gewerkschaftlich «organisiert» und rechnen genau mit der Viertelstunde; niemand kann etwas dagegen tun. Uebrigens sind sie sehr nett und willig; sie erfüllen zudem in ihrer gewaltigen Begeisterung das Schiff des Theaters mit ihren Klängen derart, dass man überhaupt nichts mehr versteht.

«Unter diesen Bedingungen kann man nicht spielen.»

«Man kann keine Nuance geben, das Orchester übertönt unsere Stimmen.»

«Wir müssen nur so weitermachen, dann sind wir an der Premiere alle heiser.»

«So stellt doch diese Musik ab, der Text ist wichtiger.»

Jawohl, der Theatermensch hat viel zu tun, um sein armes Tier zu verteidigen und vor dieser Hetzjagd zu retten. Wenn er unglücklicherweise seine Frische in den Proben verloren hat und das Stück nicht mehr wie am ersten Tag sieht, wird er «den Ball verlieren» und das Ganze wird wie ein riesiges Kartenhaus zusammenfallen. Auch wenn er selbst noch so wenig überzeugt ist, so muss er trotzdem alle überzeugen.

«Ihr könnt das nicht beurteilen, solange nicht alles genau geregelt ist. Wartet wenigstens die Aenderungen und die Beleuchtung ab.»

«Aber mein Gott, wir haben ja nur noch zwei Tage!»

«Ich weiss, aber bin ich denn verzweifelt? Macht es wie ich . . . »

«Man sieht, dass du am Abend nicht auf der Bühne stehst.»

«Wie? Ich spiele doch ebenfalls . . . »

«Das ist nicht dasselbe.»

«Und weshalb?»

«Ich auf alle Fälle habe die Figur nicht mehr.» Usw., usw.

Charles Dullin, der echteste Theatermensch, den ich je gekannt habe, hatte unbewusst das beste Verfahren: er nahm alle Verzweiflung der Truppe auf sich. Und diese Verzweiflung artete in solche Krisen aus, dass die Kollegen ihn unmöglich hätten überbieten können. Er war dem Selbstmord so nahe, dass die Truppe unwillkürlich anfing, ihn zu beruhigen. Er nahm alle Qualen auf sich. Morgen würde er für immer entehrt sein; es würde ihm nichts anderes übrigbleiben als sich eine Kugel durch den Kopf zu jagen.

«Aber nein, Charles, du wirst sehen, alles wird wunderbar klappen.»

Die Truppe dachte nicht mehr an die eigene Verzweiflung, da sie ihn trösten musste.

Die Methode war brauchbar.

Batys Prinzip bestand darin, die Truppe verzweifeln zu lassen und nur die «Technik» zu beruhigen.

Copeau schluckte seinen Aerger hinunter, und wenn ihn dann von Zeit zu Zeit eine Leberkolik schüttelte, schloss er sich ein.

Jouvet begann meistens von vorne.

Unser Theatermensch wartet die Nacht ab, um klarer zu sehen...

Jeder geht nach Hause und verdaut seine Sorgen. «Man sollte verschieben», sagen die Bühnenarbeiter. «Wir gehen einer Katastrophe entgegen», erklären die Schauspieler. «Was hatte ich nur auf dieser Galeere zu suchen!» jammert der Bühnenbildner.

Nur die Musiker bleiben gelassen. Die Zeitungsleute kommen und schnüffeln: «Hier riecht's nach einer frischen Leiche...!»

Und unfehlbar kommt der Augenblick, wo man die Nächte durcharbeiten muss... Der Theatermensch hat sich gesammelt. Hat er den «zweiten schöpferischen Atem» gefunden? Heute abend wird folgender Probenplan angeschlagen:

«Nach der Vorstellung, von Mitternacht bis zwei Uhr morgens: Dekorationsprobe, Umbauten und Aenderungen.

Von zwei bis sieben Uhr: Beleuchtung.

Von acht Uhr bis Mittag: Bühnenbild: Umbauten und Aenderungen.

Morgen vierzehn Uhr: im Foyer: Durchsprechprobe des ganzen Stücks; auf der Bühne: Beleuchtung.

Zwanzig Uhr: Generalprobe.»

Es ist Mitternacht. Die Vorstellung des laufenden Stücks ist fertig. Das Theater beginnt eine er-
regende und erregte Nacht.

Die Truppe hat wie jeden Abend gespielt, und
das Publikum ist verschwunden. Im Saal herrscht
ein Geruch wie in den Klassenzimmern, als wir
noch klein waren. Die Schauspieler gehen wie gewöhnlich nach Hause. Ein Kellner vom benach-
barten Restaurant bringt Sandwiches und gefüllte
Kaffeekrüge für die Nacht.

Auf der Bühne bauen die Bühnenarbeiter die
Dekorationen der laufenden Vorstellung ab und
versorgen sie.

Der Theatermensch organisiert oben in seiner
Garderobe, umgeben von seinen Bühnenvorstän-
den, die Arbeit.

Die Maler laden Leimkübel, Farbbeutel und
Pinsel aus dem Taxi. Mit dem bestimmten Rhythmus von Leuten, die oft Nächte durcharbeiten,
schlüpfen sie in ihre verschmierten Ueberkleider.

Es gibt zwei Augenblicke im Leben, die einem
Menschen helfen, sich selber wiederzufinden: ganz
früh am Morgen, wenn die «andern» (wie Sartre
sagen würde) noch schlafen, und in der Nacht,
wenn diese «andern» im Schlafe liegen. Wer heimlich aufsteht, das Gas anzündet und seinen Kaffee
wärmt, fühlt sich dann viel gewichtiger, von grösserer Dimension, er hört sich besser leben, er bewegt sich noch im Rhythmus des Schlafes, die Nerven haben ihn noch nicht gebunden, er ist ent-

spannt, er sieht klar. Wieviele Dichter: Claudel, Valéry, Obey etc. beginnen in der Morgendämmerung zu schreiben und beschliessen ihr Tagewerk, wenn «die andern» erwachen ...

Dem Theatermenschen, der ein Nachtleben führt und nie vor zwei Uhr morgens ins Bett kommt, ist das Leben in der Morgenfrühe — so berauschend es sein mag — leider versagt, er findet jedoch die gleichen Vorteile in der Nacht.

Wie die Fenster der Stadt nach und nach auslöschen, und Paris vom Schweigen der Nacht umhüllt wird, nimmt das Leben für ihn eine andere Form an, und, von «den andern» befreit, tun sich seine eigenen Wände auf. Die Garderoben, die Gänge, die Bühne riechen noch nach Schweiss und Puder; die Luft des Saales ist noch von den Reaktionen des Publikums gespannt: noch lebt das Theater, aber es wiegt nicht schwerer als ein Echo. Der Mann fühlt sich befreit. Wann immer er seine Arbeit beginnt, er weiss, dass er «morgen» fertig sein wird; das beruhigt ihn, auch wenn dieses «morgen» bereits in wenigen Stunden sein wird.

Der Traum ist der einzige Fremde, den er einlässt. Doch, o Freude, der Traum, der vom Schlaf befreit ist. Der lebende Traum!

Im Augenblick sieht man ihn bei seinen Freunden, den Leuten von der «Technik», auf der Bühne. Tatsächlich besteht zwischen dem Theatermenschen und der «Technik» eine besondere Zuneigung. Jeder kennt genau das Leben des andern. Der Theatermensch weiss, welches die Künstler unter den Bühnenarbeitern und Beleuchtern sind. Er fragt sie nach ihrer Meinung. Und wenn er bei den letzten Proben ein paar heimlich in den Saal schlüpfen sieht, die das Stück ansehen wollen, ist es ein gutes Zeichen, dann wird das Stück ganz bestimmt gefallen. Im andern Fall, Achtung! das Stück wird keinen Erfolg haben.

Er weiss, dass Pfuscharbeit sie entmutigt, und dass diese Leute nur bei sauberer Arbeit glücklich sind. Und deshalb lässt er die Schreiner, trotz der Zeitnot, ihre Arbeit in Ruhe beenden.

Die Maler machen die Dekoration fertig. Die Tapezierer sind ebenfalls damit beschäftigt. Der Theatermensch hilft bald diesem, bald jenem, damit alle miteinander fertig werden.

Das Bühnenbild ist fertig; jetzt wird es «aufgebaut». Heute abend wird das lange dauern, denn man muss die Dekorationen ausrüsten, verschnüren, in die Züge hängen, Gewichte einsetzen und die schnellste Art umzubauen ausrechnen. Der Mann bespricht sich mit dem Bühnenmeister ... der Umbau muss auf offener Bühne vor sich gehen (also vor dem Publikum); in diesem Fall müssen alle Bühnenarbeiter genau wie die Schauspieler probieren, um dem Bildwechsel den Rhythmus zu geben, der mit demjenigen der vorangehenden und der folgenden Szene übereinstimmt.

Während das Bühnenbild gebaut wird, hat sich der Theatermensch mit dem Dramaturg und dem Chefbeleuchter um einen Tisch gesetzt und legt den Beleuchtungsplan vor: Die Stellung der Scheinwerfer, ihre Richtung (im Theater Marigny gibt es 63 Scheinwerfer), und die Einstellungen, die er sich schon im Kopf ausgedacht hat.

«Für die Anfangsstellung gibst du das und das und das, etc.», das heisst, wenn der Vorhang hoch geht. Dann kommt der «erste Effekt».

Der Chefbeleuchter geht in seine Kabine zurück und komponiert auf seiner Lichtorgel, während seine Gehilfen die Scheinwerfer nach seinen Befehlen links und rechts der Kulissen aufstellen.

Man lässt die «Brücke», auf der neun Scheinwerfer (die Nummern 1-2-3-4-5-6, in der Mitte 19, links und rechts 40 und 41), sind, herunter. Der Theatermensch kennt sie alle wie ein Pianist seine Klaviatur. Er lieb⸱ es, sie selber zu richten, das ist seine Leidenschaft. Die Beleuchter wissen es und stossen sich nicht daran, weil *er* es ist.» Uebrigens bemüht er sich, sich selber vor ihnen lustig zu machen, um ihnen zu zeigen, dass diese Scheinwerfer ihr «Eigentum» sind, und dass er ihnen dankbar ist, wenn sie ihm gestatten, sie zu berühren. Er achtet ihre Vorrechte. Es gibt nichts Empfindlicheres als einen Arbeiter. Denn ein guter Arbeiter gehört zum Arbeitsadel. Es gibt da eine ganze Rangordnung.

Zwei Uhr. Die Bühnenmaler sind nicht so weit gekommen, wie vorgesehen war. Ach, wir haben zu wenig Zeit! Und dieses Mal macht sich die baldige Ankunft des Publikums spürbar. Er gibt ihnen Zeit bis drei Uhr; sie können morgen weitermachen. Nein, nur bis zweieinhalb Uhr; die Beleuchter dürfen die Arbeit nicht verlangsamen, sonst würden sie einschlafen. «Los, meine Kinder, bis zweieinhalb! Verschwindet! Ihr werdet später, um acht Uhr, weitermachen. Die ganze Beleuchtung ist noch zu erledigen. Vier Bühnenarbeiter genügen uns für den Umbau.»

Während die Farbkübel versorgt werden und ein Teil der Belegschaft, die einen mit dem Fahrrad, die andern im Taxi, verschwindet, hält der Theatermensch seine Sitzung ab. Das ist der einzige

Nachteil der Nacht: wenn der Theatermensch auch noch Schauspieler ist, wirken sich Kälte und Müdigkeit auf seine Stimmbänder aus. Er muss also zwischen einer unfertigen Vorstellung und einer Stimmerschlaffung durchlavieren und sich vor dem einen wie vor dem andern retten.

Auch die Nerven sind für die Stimme verheerend.

«Drei Uhr zehn beginnen wir mit der ersten Beleuchtungsstellung, ich schwöre, ihr seid alle um sechs Uhr im Bett.»

Keine Antwort. Sie wissen genau, dass es nicht wahr ist, und dass auch er es genau weiss.

Plötzlich ist das Theater in Dunkel gehüllt. Die Leute verschwinden in der Finsternis.

«So? Und?» kreischt der Theatermensch, um sie am Einschlafen zu hindern.

Die erste Stellung kommt. Vom Saal aus reguliert er die Intensität. Er formt das Licht. Er hellt ein zu süsses Rosa auf, bräunt ein zu gelbes Citron, härtet ein zu starkes Himmelblau; er hebt ein Stück des Bühnenbildes hervor oder lässt einen ganzen Teil verschwinden. Und dieser Haufen Holz- und Stoffstücke beginnt zu atmen, sich zu bewegen und zu erbeben. Es ist wie Zauberei. Der Theatermensch ist glücklich. Seine Phantasie belebt sich von neuem. Sein erster Traum wird vielleicht Wirklichkeit werden. Seine Augen leuchten.

Er geht nach hinten in den Saal, schaut sich die Wirkung vom Balkon aus an, klettert sogar auf den Flohboden und geht nach rechts und links aussen, um die Sichtbarkeit auszuprobieren.

Kein Zuschauer soll, wenn möglich, benachteiligt sein.

Natürlich, wenn er tyrannisch wäre, würde er verlangen, dass alle Schauspieler in Kostüm und Maske hier wären, um sie aufs beste ausleuchten und gleichfalls formen zu können. Doch das wäre unmenschlich. Die Beleuchtung für die Schauspieler wird deshalb theoretisch geregelt. Man kann's morgen verbessern. Doch wann morgen? Da man doch das Stück durchspielen wird. Das macht nichts, er wird es sicher noch verbessern. Er wird Notizen machen und verbessern.

Manchmal lässt ihn ein glücklicher Zufall den Beleuchtungsplan ändern.

Manchmal merkt er, dass er sich getäuscht hat.

Manchmal opfert er eine halbe Stunde, weil er einen Schatten wegbringen möchte; er bittet den Inspizienten, einige wichtige Bewegungen der Schauspieler vorzumachen, oder achtet darauf, dass die Bühnenarbeiter im Licht herumgehen. Von Zeit zu Zeit geht er selber hin.

Er springt auf die Bühne, richtet einen Scheinwerfer, klettert auf eine Leiter, ändert die Richtung eines Lichtstrahls, konzentriert das eine Strahlenbündel, dreht das andere auf, oder vergrössert die Intensität. Er wagt es nicht, zu grosse Aenderungen vorzunehmen, das würde den Ablauf des ganzen Lichtspiels beeinflussen; er probiert aus, leider so wenig wie möglich, denn sonst würde es die Beleuchter ermüden und ihre Aufmerksamkeit ablenken.

Vollständig geblendet kehrt er in den dunklen Saal zurück; er schliesst die Augen und die Lichter tanzen hinter seinen Lidern, die ihn zu stechen beginnen.

Um fünf Uhr ist der erste Teil festgelegt.

«Festgelegt, festgelegt! Achtung, es ist nicht endgültig! Fernand, warte mit dem Einschreiben bis morgen.»

Eine Viertelstunde Pause für die Beleuchter.

Die Dekorationsstücke werden gewechselt.

Der Theatermensch steigt durch die erkalteten Gänge in seine Garderobe; da steht er vor seinem Schminktisch: eine angebrochene Weinflasche; eingetrockneter Rotweinsatz im Glas, die laue Kaffeepfanne: wie nach einer Orgie. «Ich habe in meinem Mund den Geruch meines Magens», heisst es in «Partage de Midi». Er hat unter der Kaffeepfanne den Strom eingeschaltet. Die Kaffeepfanne tönt falsch. Er wäscht am Lavabo eine Tasse (das Wasser ist unangenehm in diesem Porzellan), linkisch trocknet er die Tasse ab, findet in einem Winkel Zucker, giesst den Kaffee ein, führt die Tasse zum Mund, verbrennt sich; das belebt ihn, er bläst darauf und trinkt.

In fünf Minuten ist er vom Gestern zum Heute übergegangen, oder vom Heute zum Morgen; mit einem Schlag von der Nacht zum Tag.

Er steckt seine Nase zum Fenster hinaus. Ueber den Dächern, in der Ferne, zeigen ihm grosse Rosastriche, dass es . . . spät ist.

Nein, es ist früh.

Immer ist man zu spät.

Er steigt wieder hinab, wie wenn er eben erwacht wäre.

Er hätte Lust nach einer Zigarette. Schlecht für die Stimme. In vier Monaten!

Der zweite Teil wickelt sich unter allgemeiner Müdigkeit ab. Die Arbeit wird deswegen nicht schlechter sein . . . vielleicht. «Wir werden es heute nachmittag sehen.»

Schon seit geraumer Zeit hat Paris bei der ersten Metro seine Eingeweide rumoren gespürt. Es ist etwas vor sieben Uhr. «Vielen Dank, Kinder, geht jetzt schlafen. Wir sehen uns bald wieder — um zwei Uhr.»

Die Luft draussen ist frisch, die gespritzte Strasse glänzt. Wie ein Eisenbahner von Russ bedeckt ist, fühlt er sich bedeckt von Nacht. Die Scheiben seines Wagens sind undurchsichtig; der Motor, von Tau bedeckt, spuckt vor lauter Abscheu vor der Abfahrt.

Der Theaterportier erhebt sich; die meisten Bühnenarbeiter der «Ablösung» sind unterwegs; die Bühne wird also nicht lange allein bleiben.

Während er seinem Bett entgegenrollt, fragt sich der Theatermensch: «Möchte diese Nacht nicht ganz unnütz gewesen sein!?! . . . »

Und er denkt an jenen Morgen, wo er nach einer solchen Nacht zu Fuss dem Ufer entlang heimgekehrt war, nachdem er zum letzten Mal Christian Bérard begleitet hatte, der mitten im Saal, zwischen den Sesseln auf der Höhe des vierten Rangs vor seinem letzten Bühnenbild für «Les Fourberies de Scapin» zusammengebrochen war . . . Und an den erschütterten Blick von Louis Jouvet vor der schwarzen Maske Bérards! . . .

Die Stadt hat ihre berauschende Tätigkeit wieder aufgenommen; die Szene widerhallt von Hammerschlägen; sie ist voll von Seilen, die vom Schnürboden herunterhängen; die Bühnenarbeiter kleben dort oben auf den Arbeitsbrücken; andere waschen den Bühnenboden; die Vorhänge sind wie riesige Segel aufgespannt; das Theater gleicht einem Schiff, das sich zur Ausfahrt vorbereitet.

Der Vormittag vergeht unter gewaltigem Wirrwarr. Alles sieht zerstückelt aus, denn jeder macht ein kleines Stück fertig. Es ist Nachmittag ... und da sind wir mitten in einem Bienenschwarm. Die Truppe hat eine Durchsprechprobe im Foyer. Auf Stühlen oder auf dem Boden, auf Treppenstufen ausgestreckt oder da und dort stehend, wiederholen die Schauspieler ihren Text, ohne zu spielen: sie rufen sich nicht nur ihren Text, sondern auch, sozusagen «trocken», die Bewegungen ins Gedächtnis. Von Zeit zu Zeit halten sie ein und kommentieren ein Spiel, das geregelt wird.

Der Regie-Assistent leitet die Probe.

Von Zeit zu Zeit erscheint der Theatermensch, sagt seinen Text, ruft zwei oder drei Anweisungen in Erinnerung und verschwindet; denn seine wichtigste Arbeit ist auf der Bühne und im Saal. Er sieht sich nochmals die Beleuchtung und die Aenderungen an, verbessert die Stellung der Möbel, die Verteilung der Requisiten, oder bringt Dekorationen in Einklang. In den Saalgängen wird neu ausgestellt. Der Geschäftsleiter beschäftigt sich mit dem Vorverkauf; der Dramaturg und der Kontrolleur haken die eingegangenen Einladungskarten für die morgige Premiere ab. In den Garderoben verteilen die Schneiderinnen die verbesserten Kostüme; die Garderobieren plätten die Wäsche; die Friseure geben den Perücken den letzten Glanz.

Im Orchester stellt ein Junge die Pulte auf, und ein Beleuchter befestigt die Lämpchen, die für die Zuschauer immer zu hell und für die Musiker immer zu schwach, nie blau genug sind.

Ein Tapezierer flickt zwei oder drei Sessel auf dem Balkon; die Zentralheizung wird eingeschaltet; die Journalisten und Fotografen, Vorläufer des Publikums, schnüffeln überall schon im Theater herum.

Wo ist das Stück? Wo ist der Autor? Wie ist der erste Eindruck von der Lesung des Stückes?

Alles muss sich morgen in seinem wahren Gesicht, das ihm allein das Publikum verleihen kann, zeigen. Heute abend ist die Generalprobe.

Generalprobe nennt man die erste Probe, die sich wie eine richtige Vorstellung abwickelt; Bühnenbilder, Beleuchtung, Kostüme, Requisiten, Perücken, Masken, das dreimalige Klopfen, Vorhang, Musik, alles muss plötzlich Körper angenommen haben, und das Stück muss sich ohne Unterbrechung abspielen.

Der Theatermensch ist (wenn er nicht auf der Bühne seine Rolle spielen muss) im Saal, unter den Eingeweihten, die man zugelassen hat, und vor allem unter den Angestellten, die bei der Entstehung der Vorstellung Anteil haben, besonders den Schneiderinnen, weshalb man in Frankreich die Generalprobe «la couturière» nennt.

Es ist ein schlechtes Zeichen, wenn eine Generalprobe ohne Zwischenfälle abläuft. Alle haben zu viel Vertrauen, und am Tag der Premiere (d. h. der «Generalprobe», denn in Paris ist unsere «Premiere» eigentlich die letzte Probe, vor geladenem Publikum. Der Uebersetzer) gibt es häufig Hänger.

Glücklicherweise ist man an der Generalprobe meistens *verzweifelt*. Und trotzdem muss gerade an der Generalprobe das Stück als lebendiges Wesen erscheinen. An der Generalprobe muss es «einhaken».

Während heute abend einiges wunderbar geklappt hat, waren andere Teile katastrophal; sie kleben am Boden und erheben sich nicht wie die andern. Das Stück wehrt sich. Etwas stimmt nicht. Der ganze erste Teil hat fabelhaft geklappt, und alle waren dabei. Doch an einem bestimmten Punkt des zweiten Teils hat sich das Stück gesträubt, und alles stürzte ein. Man begann nochmals; der Theatermensch versuchte, Aenderungen anzubringen; die Zeit ging vorbei; die Truppe war ermüdet und entmutigt und aufgeregt.

Gegen drei Uhr morgens gingen alle schlafen, ohne zu einem Ergebnis gekommen zu sein. Kurz, es geht schlecht.

Einige sagen sich allerdings: es könnte so gut gehen!

Dieses Mal ist der Theatermensch ernsthaft beunruhigt. Die Uhr zeigt dreieinhalb. In siebzehn Stunden werden die Saaltüren geöffnet und die ganze Kritik mit dem typischen Premierenpublikum — kurz, was man «Tout-Paris» nennt — wird hier sitzen und Gericht halten.

Zu Hause legt er sich, nicht gerade stolz, auf das Bett. Er denkt an seine Kindheit zurück, wo es geschah, dass er im Traume die Lösung einer Rechnung fand, über der er den ganzen Abend «gebrütet» hatte. Auch heute, wie damals, «brütet» er. Das Stück ist gut. Wenn er es sich so vorstellt, wie es sein sollte, ist das Ergebnis grossartig. Aber wenn er sich vorstellt, wie es heute abend war ... es ist unverständlich.

Soll er wach bleiben? Soll er schlafen? Soll er auf den wundergleichen Traum hoffen? Soll er gleich jetzt noch zum dritten Mal den schöpferischen Atem suchen?

Claudel hatte ihm einmal gesagt: «Wenn ich mir nicht mehr zu helfen weiss und ohne Inspiration bin, bete ich zu Füssen der Jungfrau. Das hat mir immer geholfen.»

Soll er beten?

Am besten aber scheint ihm das Beispiel Saint-Exupérys, sich zum Schlafen zu zwingen.

Er beschliesst einzuschlafen. Und sein Wille ist so gespannt, dass er — weil er es so bechlossen hat — fünf Minuten später schläft.

Oh, welch merkwürdiger Schlaf. Noch nie war das Leben so belebt. Alle Repliken entschlüpften ihm; der innerste Grund der Situation des Stückes erscheint; das Spiel der Schauspieler klärt sich auf; die allgemeine Bewegung des Stückablaufs vergrössert sich bis zum Extrem. Die relative Wichtigkeit der Intrigen verteilt sich; die Teile, die ankamen, sind geölt, diejenigen, die bremsten, knirschen. Dann löscht plötzlich alles aus. Die Bühne wird leer, alles verschwindet.

Es bleibt nur eine schwarze, wie der Grund einer Pfanne leuchtende Scheibe. Und unter einem andern Gesichtspunkt, dem wundersamen Gesichtspunkt der Verzweiflung baut er das Stück neu auf.

«So muss es sein: ein Bildelement, das den Gang des Stücks hindert, muss man entfernen; einige Sätze werden genügen, um das ganze Bild in die schon bestehende Dekoration einzubauen. Die Reihenfolge zweier Szenen, welche an diesem Punkt aneinanderstossen, muss geändert werden

... und wenn man aus diesen beiden Szenen am Ende, wo man sich wiederholt, eine einzige, dichtere machen könnte: würde das Stück nicht zu leben beginnen?»

Plötzlich richtet er sich in seinem Bett auf.

Wie spät ist es?

Er zündet das Licht an. Fünf Uhr.

«Ich glaube, ich hab's. Man wird nochmals proben müssen.»

«Und alle diese Kretins schlafen jetzt! Welche Schande, während sich das Schicksal des Stückes, der Truppe in einigen Stunden entscheiden wird. Schlafen, welche Idee!»

Er lacht über seine Entrüstung.

Von neuem legt er sich hin und löscht aus.

Er übergeht nochmals, was er gefunden hat. Er will nichts von seinen Ideen verlieren. Aber wenn er einschläft? Vielleicht träumt er, und jeder weiss, dass der Traum vieles glauben lässt, z. B. dass alles entschieden ist, während es nicht wahr ist.

«Nein. Stehen wir auf und halten wir es auf dem Papier fest.»

Er zündet wieder an. Fünf Uhr zwanzig Minuten. Er erhebt sich.

Ach, eine gute Zigarette!

Nein, nein, erst in vier Monaten, wenn die Theatersaison zu Ende ist.

Und bis zum Morgen zeichnet er die Aenderungen, die er eben entdeckt hat, auf. Ja, das Stück zeigt sich nun in einem neuen Licht; genau so hatte er es gesehen, als er sich darein verliebte.

Er ist wieder zum Zuschauer geworden, der dieses Stück sehen möchte. Zugegeben, die Aenderungen sind bedeutend. Es wird darum gehen, den

Autor und die ganze Truppe zu überzeugen; vor allem eine letzte Anstrengung zu verlangen. Also müssen alle zugreifen. Die Uebergänge sind auf der Maschine zu tippen; das Stück muss ihnen, so wie es jetzt aussieht, vorgeführt werden. Vielleicht werden sie sich sträuben? Es wird nötig sein, eine richtige Vorstellung vor ihnen zu geben, sie zu überzeugen und sie zu gewinnen. Täuscht er sich in diesem Augenblick nicht? Aber in der Nacht hält man sich für einen König, fühlt man sich mächtig. Dieser Zustand zwischen Wachen und Schlafen ist gefährlich. Ah, könnte er doch vollständig aufwachen, «kaltblütig» feststellen, dass es so besser, nicht nur besser, sondern am besten ist.

Er liest und liest und lässt die neue Vorstellung, die er eben erblickt hat, vor seinem Geist nochmals erstehen.

Ja, ja, er hat recht.

Wenn es ihm gelingt, sich selbst zu überzeugen, weshalb sollte er nicht auch die andern, den Autor, seine Kollegen und darüber hinaus das ganze Publikum überzeugen können?

Siebeneinhalb Uhr. In der Küche, im hinteren Teil der Wohnung, sind die Angestellten eben angekommen.

Er verlangt einen Kaffee.

Dann legt er sich wieder hin und schläft ein, nachdem er aufgetragen hat, gleich nach acht Uhr den Geschäftsleiter anzurufen, damit er die ganze Truppe unbedingt auf zwei Uhr nachmittags zusammenruft.

«Ich will nicht vor zehn Uhr aufgeweckt werden. Kein Telefon. Danke. Wenn man sich erkundigt, was ich mache, sagen Sie, ich bin um elf Uhr im Theater.»

Der Stadtlärm steigt bis an sein Bett; dieser Lärm wird heute abend den Saal erfüllen.

Die ersten Anzeichen der Schlacht, die geschlagen werden muss.

Er taucht im Schlaf unter.

Elf Uhr. Er ist wieder im Theater.

Die ganze Belegschaft ist vor Erschöpfung am Rande. Der Chef, wie sie ihn nennen (er liebt dieses Wort nicht), schaut unbeweglich und starr und wird keine Bemerkung dulden. Er ist in jene «Leidenschafts-Zone» eingetreten, aus der er nicht mehr herauszubringen ist.

Die Bühnenbilder ziehen vor seinen Augen vorbei. Dieses wird herausgenommen werden. Die Umbauten sind sichtlich durcheinander. Es muss nochmals geprobt werden. Die Sekretärin tippt neue Szenen. Man notiert die Umkehrungen. Der Oberinspizient schneidet, völlig erschöpft, die Seiten des Regiebuches in kleine Stücke: Seite 73 wird Seite 53, Seite 53 ist jetzt Seite 67, usw. usw.

Es gibt nichts einzuwenden; das Theater hat es mit einem Rasenden zu tun. Der Dirigent wird gerufen: hier verbinden, hier streichen; auch der Komponist, ein braves Kind (am willigsten war Honegger), komponiert neue Uebergänge. Alle schreiben das Material aus. Das ist der Untergang, aber meinetwegen!

Der Chef-Beleuchter findet sich in seinen Plänen nicht mehr zurecht. Um zwei Uhr muss alles neu angefangen werden. Aber der Theatermensch ist in einem derartigen Zustand, dass er dadurch eine neue Macht erhält, die jeder spürt.

Mittag, ein Uhr. Er macht weiter. Von jetzt an wird nicht mehr auf die Uhr geschaut.

Man bringt Sandwiches. Alles ist auf der Bühne. Heute, bei diesem Alarmzustand sind alle pünktlich.

Vierzehn Uhr: Truppe und Belegschaft sind versammelt.

Der Theatermensch gleicht einem mit Drogen vollgestopften Schüler vor dem Examen.

Auf der hergerichteten Bühne, inmitten seiner Leute, zieht er seine Jacke aus und reisst seine Krawatte herunter. Er denkt nicht einmal daran, dass er sich nicht rasiert hat, und spielt für alle seine Brüder, für alle seine Freunde, für alle seine Leute, für seine ganze Welt nochmals das ganze Stück. Und das Stück erscheint ganz neu.

Die Längen sind verschwunden; und das Werk findet endlich seinen Sinn. Wenigstens glauben das alle. Alle spüren es. Alle anerkennen es. Alle wollen dafür kämpfen. Man befindet sich zwischen Fanatismus, Halluzination, zwischen Wirklichkeit und Luftspiegelung.

Es ist vier Uhr. Jeder hat seinen Teil erhalten; man legt die Uebergänge fest. Für die Bühnenbilder, für die Beleuchtung, für den Kulissenwechsel, für das Orchester; die Schauspieler verschlingen ihren Text mit einer ungewohnten Leichtigkeit.

Es wird sechs Uhr; sieben Uhr vorbei. Nur noch zwei Stunden, und der Vorhang wird hochgehen. Um siebeneinhalb Uhr Schluss. Alle entfliehen, um neue Kräfte zu sammeln.

Der Theatermensch ist wieder in seiner Garderobe. Jetzt ist Schluss. Er rasiert sich. Das Stück gehört ihm nicht mehr. Seine Liebe, die während

Jahren gewachsen war, die sich vor ein paar Monaten erklärt und innert sieben, acht Wochen verwirklicht hatte, wird heute zu Ende gehen!

Heute ist von Schlafen keine Rede. Acht Uhr; die übliche Tasse Tee mit Toast ist da, aber es bleibt ihm in der Kehle stecken.

Auch die Schauspieler suchen ihre Garderobe wieder auf; eine fürchterliche Stille herrscht in den Gängen.

Der Geschäftsleiter hat seinen Smoking angezogen und tritt beim Theatermenschen ein.

Es wird wenig gesprochen. Es ist der Abend vor der Schlacht. Der Theatermensch übergibt ihm ein Papier. «Hängen Sie es am schwarzen Brett auf.»

«Bevor wir diese Schlacht, der unser Leben von mehreren Monaten ausgeliefert ist, schlagen, liegt uns daran, allen Kollegen für ihr Vertrauen, ihren Eifer, ihre Ausdauer bei der Arbeit zu danken. Wir sind überzeugt, dass sie heute abend mit ganzer Seele dabei sein werden. Wir gratulieren ihnen im voraus und übergeben ihnen, mit all unserem Willen, die Kraft und den Mut, der uns übrigbleibt. Wir danken allen von ganzem Herzen und umarmen sie.» (Der Theatermensch)

«In fünfundzwanzig Minuten fangen wir an», der Lautsprecher stöhnt heute abend noch dumpfer als an den andern Abenden.

Der Theatermensch, zur Hälfte schon wieder Schauspieler, ist bereit. Draussen werden wohl die Türen geöffnet ...

Keine Rede davon, heute abend gut zu spielen, er ist dem Kampf zu nahe, seinen Kollegen zu nahe und zu nahe den Reaktionen dieses besonderen

Publikums. Er ist also bereit, aber es ist noch zu früh, um hinunterzugehen. Er sucht seine Kameraden auf, er tröstet die einen, scherzt mit den andern, rühmt das Aussehen derjenigen, die geschmeichelt sein wollen, umarmt die Sentimentalen, geht kurz zu den «Alten», ruft den Zerstreuten einige besondere Tatsachen in Erinnerung. Kurzum, er heizt seiner Truppe ein letztes Mal ein. Die Stimme sagt noch dumpfer: «In einer Viertelstunde fangen wir an.» Diesmal hält er es nicht mehr aus und steigt auf die Bühne hinunter. Er bringt das Bühnenbild durcheinander, belästigt den Chef-Beleuchter, der selbst vor Aufregung weiss wie ein Leintuch ist.

Die Schauspieler kommen ebenfalls an. Er zieht an der Halsbinde des einen, drückt ein frisch gekleidetes Mädchen an sein Herz.

Die Truppe ist nur noch ein einziges Nervenbündel, die Bühnenarbeiter sehen wie Tote aus.

Der Oberinspizient ist geschäftig. Er eilt plötzlich zum Mikrophon, neigt sich darüber, wie wenn er sich übergeben müsste, und haucht in einem Schmerzenston:

«Auf die Bühne für den ersten Akt.»

Auf der andern Seite des Vorhangs hört man etwas wie ein unfreundliches Meer oder einen Schwarm aufgestachelter Bienen, der um die Lichter schwärmt. Entblösste Schultern, schwarze, sorgfältig gebundene Mäschchen; kahle Köpfe, weisse Haare, Köpfe alter Intellektueller, und dort oben, auf dem Flohboden all unsere Getreuen, die sich über das Geländer beugen, um die bekannten Musiker zu sehen.

Die Bühne ist nun von der Truppe und vom

Personal überfüllt; alles bewegt sich; nichts als feuchte Hände, trockene Zungen; das Gedächtnis rennt unter den Füssen weg; man jagt seinem Text nach: das ist die Katastrophe.

Der Theatermensch versucht Witze zu machen.

«Wie spät ist es?»

«Sechs nach Neun.»

«Wann werden wir fertig sein?»

«‚Sie’, das Publikum, sind noch in den Gängen, ‚sie’ diskutieren über irgend etwas.»

Worüber kann man auch diskutieren, wenn heute abend der Mittelpunkt der Welt auf der Bühne sein wird, gerade hier, hinter dem Vorhang, der, von der kühlen Bühnenluft gegen die Saalhitze bewegt, leicht aufbläht.

Eine kleine Gruppe um den Theatermenschen lacht auf. Er hat ihnen eben eine kleine Geschichte erzählt:

An einer Premiere wie dieser neigt sich ein ständiger Flohbodengast über das Orchester, und er erkennt einen Musiker nach dem andern. «Das ist der, das ist jener.» Seine Frau beruhigt ihn. «Und das ist der X.»

«Was, der X,» sagt seine Frau, «du bist verrückt, er ist tot.»

«Ja, er ist tot.»

Der Bursche beugt sich noch etwas vor und indem er plötzlich mit dem Finger auf die ergrauten Haare zeigt: «Weshalb sollte er tot sein», sagt er, «schau dort, er bewegt sich ja!»

Das ist ein Ablenkungsmanöver und entspannt vor der entscheidenden Stunde. Aber niemand lässt sich ablenken. Das Lampenfieber ist gut. Es ist nötig, um einen wahren Schauspieler aufzupulvern.

«Wir müssen anfangen. Achtung: wir fangen an.»

Ein Schauer überläuft alle.

Der Theatermensch schleicht zum Inspizientenpult. Dort befindet sich der Stock, mit dem man die drei Schläge klopft, der mit Samt überzogen und mit Nägeln in jeder Grösse beschlagen ist: er greift nach ihm, und ohne dass es jemand sieht, küsst er ihn und übergibt ihn dann dem Oberinspizienten.

«Es ist an dir, mein Lieber!»

Das ist der Abschied des Theatermenschen, sein Abschied vom Stück, sein Abschied von seiner Liebe, die abklingt.

Das Achtung-Klopfen.

Erster Schlag.

Zweiter Schlag.

Dritter Schlag.

Der Vorhang geht hoch.

Der Theatermensch hat bis zur nächsten Premiere zu lieben aufgehört.

*

Gegen ein Uhr morgens, allein, leer und traurig, kehrt er heim. Wie der Erfolg der Aufführung auch gewesen sein mag: Er ist Waise, Witwer, untröstlich. Er fühlt sich als verlassener Liebhaber.

Alles ist nur noch Erinnerung.

Unwichtig. Denn bei diesem Abenteuer wollte er nicht nur das Leben auf dem Theater wieder entstehen lassen, sondern selbst dieses Lebens-Bad bis zum Höhepunkt geniessen.

Während einiger Wochen hat er auf diesen paar

Brettern, «die die Welt bedeuten», und darum herum alles, was das Leben für ihn wirklich ausmacht, mit einer fieberhaften Intensität durchlebt.

Er kehrt zu sich zurück, allein, aber ganz von Leben erfüllt.

Niemals auf Reisen gehen
ohne seines eignen Wesens Waage.

Was ein rechter Theatermensch ist, zeigt sich niemals so klar wie auf Tournee. Er ist wie der Soldat im Felde. Eine grosse Tournee dauert zwei bis vier Monate. Nach mehr als sechs Monaten beginnt die Moral der Truppe zu schwanken, welches auch die menschlichen Vorzüge der einzelnen Mitglieder seien.

Für solche Tourneen bildet der Theatermensch eine «Feld»-Truppe, zu der nur ganz erprobte Charaktere gehören. Die Eigenheit des menschlichen Wesens, der Charakter, zählt ebensosehr wie das Talent.

Er verpflichtet ein technisches «Feld»-Personal mit erfahrenen Vorständen. Er führt auch eine verkleinerte «Feld»-Administration mit sich, an der er aktiv teilnimmt. Eine grosse Ausgabe einer Sekretärskiste mit einer Unmenge von kleinen Schubladen. Dazu ein Offizierskoffer voll Bücher: seine «Feld»-Bibliothek.

Die Mannschaft zählt durchschnittlich dreissig Personen:

Der Geschäftsleiter der Truppe, der das Ganze beaufsichtigt; dann

Der Bühneninspektor;

Der musikalische Leiter oder Dirigent;

Der Chefbeleuchter;

Der Bühnenmeister;

Der Requisiteur;

Der Gepäckmeister;

Der Ober-Garderobier (Garderobiere);

Der Theaterfriseur.

Der Geschäftsleiter der Tournee organisiert die Fahrt, wählt die Hotels aus, verhandelt mit den Theatern; er fährt der Truppe voraus oder folgt ihr nach.

Das Budget teilt sich ungefähr so auf:

25 Prozent für Fahrt und Transport;

25 Prozent für Verwaltung, Material, Organisation, Unterhalt, Reparaturen, Vorbereitung;

50 Prozent für Gagen und Spesengelder.

Das gesamte Material wiegt fünfundzwanzig Tonnen oder mehr: Bühnenbilder, Kostüme, Beleuchtungsmaterial, persönliches Gepäck usw.

Der Spielplan umfasst acht bis zwölf Stücke.

Es handelt sich also um eine richtige Organisation, an deren Aufstellung der Theatermensch bis in die kleinste Einzelheit Anteil nimmt, und die er überall und in allen Richtungen überwachen muss. Für die Vorbereitung einer grossen Tournee braucht man ungefähr sechs Monate . . .

Sofort nach der Ankunft der Truppe im Gastland wird die erste Vorstellung eingerichtet und das ganze Material ausgepackt; zwei Tage müssen genügen. Das heisst, man verbringt auch die Nächte damit.

Die Schauspieler beziehen ihre Hotels. Man muss auf ihre Moral achtgeben; sie dürfen sich nicht entwurzelt fühlen: das französische Gemüt entwurzelt sich leicht.

Der Theatermensch nimmt im Laufe einer Konferenz, die er meistens in Begleitung von zwei oder drei Hauptdarstellern hält, mit der Presse Fühlung. Der älteste Schauspieler, der «Doyen», nimmt eine ziemlich wichtige Stellung ein. Er vertritt die ganze Truppe und muss in moralischer Hinsicht auf jedes einzelne Mitglied achten. Der Obmann der Schauspieler-Gewerkschaft hat ebenfalls ein Wort zu sagen. Er unterhält die ständige Verbindung zwischen dem Theatermenschen und der Truppe.

Doch vor allem muss sich jeder Schauspieler, wie überhaupt jedes Mitglied der Truppe, an eine strengere Disziplin halten.

Man muss immer gut angezogen sein und sich vorbildlich, aber doch nicht steif benehmen.

Auf der Tournee ist jedes Mitglied der Truppe, vom Bühnenarbeiter bis zur «Primadonna», zu jeder Stunde des Tages «in der Vorstellung».

Glücklich ist der Theatermensch, dem es, dank der aufrichtigen Zuneigung aller und dank den menschlichen Vorzügen jedes Einzelnen, gelingt, eine «Demokratie der Liebe» durch die Welt zu führen. (Wie man unsere Truppe in freundlicher Weise benannt hat.)

Denn sobald eine Truppe im Ausland ein nationales Programm zeigt, wird sie sogleich mit ihrer Nationalität identifiziert. Jedes Mitglied der Truppe wird im selben Augenblick, ohne dass es sich dazu zwingen müsste, Vertreter seines Landes. Und das ausländische Publikum beurteilt das Land, von dem es Besuch empfängt, nach der menschlichen Haltung der Truppe. Eine Theatertournee im Ausland ist nicht nur ein menschliches, sondern, zu Recht oder Unrecht, ein nationales Unternehmen.

Da die wirtschaftlichen Grundlagen sehr riskiert sind, spielt man in den grössten Theatern und wechselt das Programm alle zwei bis drei Tage. Jeder braucht also eine gute Gesundheit; denn die geforderten Anstrengungen sind unermesslich.

Die ganze Zeit der Tournee vergeht unter Auspacken, Einrichten eines Stückes, Abbauen und Einpacken desselben und Auspacken eines andern, und so weiter. Und jedes Mal braucht es die Beweglichkeit, das Bühnenbild rasch neu anzupassen, wenn nötig die Beleuchtung abzuändern etc. etc. Eine Tournee von achtundsiebzig Tagen, die sieben Stücke umfasst und fünf grosse Städte besucht, verlangt schliesslich die Anstrengung, die es brauchen würde, um $5 \times 7 = 35$ verschiedene Vorstellungen während achtundsiebzig Tagen einzurichten. Und von diesen achtundsiebzig Tagen müssen noch zehn Tage für die Reisen abgerechnet werden.

Das bedeutet also: knapp alle zwei Tage ein neues Stück. Ausserdem verteilen sich der Theatermensch und seine Hauptdarsteller — da ja diese Tourneen unter dem Zeichen der «Kultur» unternommen werden — in der Stadt, um neben den Vorstellungen Vorträge zu halten, an Berufsgesprächen teilzunehmen, Ausstellungen, intellektuelle Zirkel, Schulen und Spitäler zu besuchen ...

Die Nächte sind, beinahe Tag für Tag, von Empfängen gekrönt.

Bei den Vorträgen besteht der Vorteil darin, dass man allein spricht.

Für alle andern Veranstaltungen des Tages muss man vorbereitet sein, auf alle Fragen, die einem gestellt werden, zu antworten. Ein tägliches Examen.

Es ist deshalb unerlässlich, dass alle Mitglieder der Truppe, durch den Theatermenschen mitgerissen und ermutigt, in sich selbst eine grenzenlose Liebe zu allem, was menschlich ist, besitzen.

Die menschliche Gemeinschaft ist nie so eng, so vertraut, so geeint, so empfänglich, so allgemein, so verbindend, so unvergleichlich.

*

Sie sind weggereist. Alle Möbel sind in zwei kleine Garderoben am Ende des Ganges hineingestopft worden. Die Sekretärin ist jetzt allein in Paris zwischen Telefon und Maschine; Herrin und Hüterin des Hauses. Schon vor einer Woche wurde alles Material abgeschickt; wir werden es am Hafen wiederfinden. Es waren Holzkisten voller — Holzstücke. Dazu Stoffe, alte Möbel, merkwürdige Gegenstände. Ein richtiges «Gerümpel». Dazu zwei sehr schwere Kisten mit der wertvollen «Lichtorgel» und zerbrechliche Kisten mit Scheinwerfern und Beleuchtungs-Material. Dank diesem Material kann die Truppe, wo es auch sei, die Beleuchtung von Paris wieder herstellen.

Beim Verlassen des Theaters hat sich der Theatermensch auf der dunklen Bühne andächtig gesammelt, um den Mauern und den Göttern zu danken. Beim Verlassen des Hauses hat er auch, ebenso herzlich, dem Portier gedankt.

Am Bahnhof sieht man am Sammelpunkt die ganze Truppe, begleitet von Verwandten, Freunden und einigen anhänglichen Journalisten, mit ihren Fotografen vorbeiziehen.

Ein Ignorant, der nichts von der wissenschaftlich genauen Organisation der Eisenbahn versteht, könnte sagen: «Sie stellen ihren Apparat ein, drük-

ken das Blitzlicht ab ... und der Zug fährt los.»
So ist es wenigstens geschehen. Der Zug schien sogar Mühe beim Abfahren zu haben, denn während er den Bahnsteig verliess, warf er Magnesiumblitze nach allen Seiten. In der Nacht fuhr der Zug in voller Geschwindigkeit dahin; Direktor wie Bühnenarbeiter schliefen im Schlafwagen. Das gemeinsame Leben dieser «Demokratie der Liebe» hat begonnen. Am nächsten Morgen hätte ein aufmerksamer Marseiller Polizist bemerken können, wie eine Gruppe von Leuten jeden Alters und mit etwas trüben Gesichtern im alten Hafen auf der Terrasse eines Cafés sass, um ihr Frühstück mit Gipfeln (für die Herren; nicht für die Damen, wegen der Linie) zu verzehren. Die einen kaufen bereits Postkarten, andere versorgen sich mit Sonnenbrillen, wieder andere betrachten all die Farbtöne, die der Morgen aufrollt. Das sind die «Entzückten». Und da sind schon die Zöllner. Mit diesen diskutiert man über Liebhabertheater und streichelt dabei einige Koffer. Es herrscht eine etwas diplomatische Luft.

Uebrigens hatte man der Truppe, als sie vor der Abfahrt alle Anweisungen erhielt, ausdrücklich untersagt, irgend etwas Verdächtiges ins Gepäck hineinrutschen zu lassen, andernfalls alle gesetzlich verfolgt würden. Wiederum — diese Truppe vertritt ihr Land. Man muss ein Beispiel geben. Dann folgt an Bord das erste Interview mit dem Kommandanten des Schiffes auf Deck, in Gegenwart einiger Persönlichkeiten der Besatzung und des liebenswürdigen Präsidenten der Gesellschaft, der in grosszügiger Weise an der Bar der ersten Klasse den Champagner der Freundschaft offeriet. Man stellt sich dem Barmann vor ... und schliesst rasch Freundschaft. Der Zahlmeister des Schiffes nimmt den Theatermenschen zur Seite, um mit ihm die Verteilung der Tische unter seine Kameraden zu besprechen. «Ueber wieviele Tische verfügen Sie?» «Es sind dreissig; vier Vierer-, zwei Sechser-, ein Zweiertisch.» «Dieser Zweiertisch ist dumm, die beiden werden sich wie Verurteilte vorkommen. Ich möchte lieber sechs Vierer- und einen Sechsertisch. Wieviele Frauen haben wir? Acht? Also eine Frau pro Tisch. Aber nein! Geben Sie mir Papier.» Und der Theatermensch muss sich über dieses heikle Problem mit ebenso viel Fingerspitzengefühl beugen wie über seine Lichteinstellungen. Auf Tournee ist die geringste Sache voller Bedeutung.

Die grosse Eisenbrücke von Marseille hat ihre zwei breiten Arme geschlossen. Das Schiff hat das Land verlassen. Jetzt ist es unmöglich, noch umzukehren. Die Küste verschwindet langsam.

Ein neugieriger Passagier könnte bald auf dem schwarzen Brett, neben den Presseneuigkeiten, dem Vergnügungsprogramm «zugunsten der Ueberschwemmungsgeschädigten» und dem Titel des Filmes, der diesen Abend auf der Deckpromenade vorgeführt wird, einen merkwürdigen Arbeitsplan lesen, ohne ihn zu verstehen. Denn schon am zweiten Tag, sobald sich alle eingerichtet haben, finden von zehn bis zwölf und vier bis sechs Uhr Proben statt.

Der glücklichste Mensch ist der Theatermensch, der jetzt alle seine Leute an der Hand hat. Keine Möglichkeit zu entschlüpfen. Keine Radio-, keine Filmarbeit, keine Erstkommunion des Cousins. «Ich habe euch, meine Lieben.»

Es herrscht übrigens eine fröhliche Stimmung. Jeder Schauspieler fühlt sich auf Urlaub.

Beim Essen, als alle in diesem schaukelnden Speisesaal vereinigt sind, fühlt sich der Theatermensch plötzlich verantwortlich. «Sie haben mir alle Vertrauen geschenkt, und ich habe sie mitgeschleppt ...» Und um seine Rührung zu verbergen, leert er sein Glas. Er ist glücklich.

Der Polarstern, im Spiel mit dem Südlichen Kreuz, verschwindet nach und nach im Meer.

In der Nacht gleitet das Schiff leise dahin; man schleicht auf den obern Laufsteg. Das Leben ist unendlich schön. Man ist trunken von dieser runden Kugel.

*

Plötzlich Amerika mit seinem eigenen Grün. Es gibt nichts Grüneres als dieses Grün.

Und eines schönen Abends erscheinen der «Zukkerhut» und der «Riesenchristus». Jene berühmte Bucht von Rio, in der eine leuchtende Siegesssonne untergeht. Oh, wenn dies nur ein gutes Zeichen wäre!

Das Höllenkarussell beginnt. Alles ist in grösserer Zahl vorhanden, brutaler, bewegter, wirbelnder. Die Höflichkeit ist grösser, das Durcheinander aber auch heftiger. Lärm, viel Lärm. Wagen in jeder Geschwindigkeit. Entfesselte Hupen. Die Truppe kommt sich fast wie vom Lande vor. Einige Kameraden sind entwurzelt. Schluss mit dem Wein, dem guten, alten, französischen Wein; uns erwarten die Koucaratscha in den Badezimmern. Unsere Abenteurer machen grosse Augen.

Die 250 Gepäckstücke mit den 27 Tonnen be-

decken den Quai. Das Stadttheater ist riesengross
... aber die Camionneure sind schlafen gegangen.
Während drei Monaten werden wir nun zwischen
Kisten, zwischen auseinander gefalteten und wieder zusammengefalteten, festgemachten und wieder losgemachten Tuchbahnen leben. In einer wahren Völkerschaft von Kostümen, von denen kein
einziges Band verloren gehen darf.

Während dieser Monate wird die Zeit mit Aus-
ziehen und Anziehen vorbeigehen. Man wird jeden
Morgen um 10 Uhr im Smoking aus dem Hotel
gehen, weil man vor dem Abend keine Zeit mehr
hat, das Theater zu verlassen, und dann ein «Empfang» stattfindet.

Die einen benützen diese drei Monate, um kleine
Restaurants ausfindig zu machen; andere, um die
Läden abzuklopfen; wieder andere, um interessante
Stätten zu entdecken; alle, um zu proben.

Durch das viele Wechseln der Theater beginnt
man in sich einen Instinkt zu entdecken, der uns
gestattet, nicht nur die Atmosphäre des Theaters,
sondern sogar die Stimmung in der Vorstellung
und die Qualität des Publikums zu spüren. «Hier
werden wir glücklich sein», oder, «sie werden ‚kalt'
bleiben, ich spüre sie nicht.» Dieser Spürsinn
täuscht uns selten.

Es kommt der Abend unserer ersten Aufführung.
Er beginnt mit der offiziellen Vorstellung der ganzen Truppe.

Die Dekoration steht. In der Mitte befinden
sich, im Kostüm, diejenigen, die im Stück spielen
werden. Die andern Mitglieder der Truppe, alle im
Abendkleid oder Smoking, umgeben sie. Das macht
eine Gruppe von dreissig Leuten.

Das dreifache Klopfen.

Der Vorhang geht über dieser versammelten Truppe hoch.

Allgemeine Verneigung vor dem Publikum, das mit herzlichem Beifall antwortet. Der Theatermensch und Chef der Truppe geht zwei Schritte vor. Sein Herz klopft bis zum Hals. Als traditioneller Sprecher der Truppe hält er eine kleine Begrüssungsrede, die in einer Minute den Ton der Saison bestimmen kann. Der Vorhang fällt, und das Publikum erwidert die feierliche Ansprache des Chefs der Truppe, indem es mit den «Vorderpfoten» Krach macht. Die Nachzügler setzen sich, das Publikum ist reich gekleidet. Die ganze kulturelle Schicht ist auf die französische Saison abonniert. Ist die Saison gut, dann ist Frankreich immer noch ein wichtiges Land. Wenn nicht ... die Zeitungen, die gegen Frankreich unnachsichtig sind, haben es uns zur Genüge gesagt ... ist es völlig im Zerfall. Also, o Himmel, die französische Saison muss einschlagen!

Und während drei Wochen werden Marivaux, Molière, Gide, Giraudoux, Claudel, Salacrou, Achard, Anouilh, Sartre, Camus, Feydeau; Honegger, Auric, Sauguet, Poulenc, Boulez und Kosma; Bérard, Labisse und Cassandre, Jean-Denis Malclès, Brianchon, Mayo wie auch unser brennender Eifer unsere Farben verteidigen.

Unsere grösste Freude besteht in der Feststellung, mit welcher Zufriedenheit, mit welchem glücklichen Lächeln — sei es in Rom, London, Rio, Quebec, New York, Washington, Berlin, Zürich, Buenos Aires, Santiago, Montevideo — das Publi-

kum den Geist der französischen Kultur wiederfindet.

Der Geist der französischen Kultur ist nämlich
in gewissem Sinne ihr Eigentum, das sie keinesfalls
verlieren möchten. Und da die Franzosen dessen
Hüter sind, sind sie um so böser, je schlechter wir
dieses, ihr Eigentum verwalten, je weniger wir um
diesen Geist besorgt sind. Kurz, wenn die Auslän-
der uns anschwärzen, so deshalb, weil sie uns vor-
werfen, schlechte Verwalter dieses Weltreichtums
zu sein, an dem sie alle teilhaben: dem Geist der
französischen Kultur.

Und wir lieben solche Leute.

Ueber die eigentliche Theaterarbeit hinaus ver-
breitet sich die Truppe in der Stadt. Es sind bald
nicht mehr Desailly, Simone Valère, P. Bertin,
Madeleine Renaud, die man empfängt, sondern
Jupiter, Ophelia, Géronte oder Araminte. Auch
der Theatermensch hat dabei eine wichtige Aufgabe.

Es gehört zu den berauschendsten Augenblicken
des Lebens, trotz der Liebe zum Gastland, durch
sich hindurch andere sein eigenes Land lieben zu
lehren. So gibt sich auch der Theatermensch nach
allen Seiten mit tiefer Freude aus; am engsten ist
jedoch die menschliche Fühlungnahme bei Vorträgen.

Ja, so ein Vortrag ist ein wahres Sichkennenler-
nen. Dabei herrscht eine Atmosphäre der Zuneigung, des Einverständnisses, der wahren Uebereinstimmung. Ob in New York (Columbia-Universi-
tät), in Princeton, in Yale, an der Universität von
Montreal, im Innenministerium von Buenos Aires,

an der katholischen Universität von Santiago, oder hier in Rio, im Ministerium für Nationale Erziehung oder im Kolleg St. Johann, immer ist die Fühlungnahme, die man so sehr erhofft, da. Man hört nicht nur zu, sondern man «versteht» auch, was gesagt wird. Ohne dass man es merkt, vergehen die Wochen. Man fährt von Stadt zu Stadt, man vergräbt sich in Autocars, man steigt in Flugzeuge. Jetzt sind wir in Sao Paulo, das wegen seines lebendigen Wachstums kaum wiederzuerkennen ist. Die Natur ist noch sehr schön, aber die Stadt bestrickt besonders durch ihre Vitalität.

Bei der ständigen Veränderung der Stadt haben die Paoloaner ihr Stadttheater zerstört, um ein moderneres und grösseres zu bauen. Im Augenblick müssen die Gastspieltruppen in einem reizenden Theater, das ziemlich gross, aber vollständig leer ist, hausen. Alles muss improvisiert und neu eingerichtet werden. Man muss sich zu helfen wissen! Und man weiss sich zu helfen: in acht Tagen macht man daraus einen Tempel. Das ist der Beruf des Theaters und des Schauspielers: Nicht vorher, nicht nachher, alles während!

Bei jedem Besuch bleibt man etwas länger in Sao Paolo. Eine fesselnde Stadt!

Und wieder müssen wir das Schiff besteigen. Auf einer der schönsten Strassen der Welt führt der Wagen die Schauspieler zum Hafen von Santos. Innert zwei Stunden fährt man von 800 Meter auf Meereshöhe hinunter. Tropenwald, Gebirge, Bananenwälder. Die sehnsuchtsvolle Schönheit der Bucht von Santos.

Am Abend ist das Schiff segelfertig. Es erhebt sich eine erhabene Traurigkeit. Ein unbeschreiblicher Eindruck. Lebt wohl, Sonne und Bananenbäume!

Der «Sankt-Katharinen»-Golf öffnet uns die Pforten des Winters. In Montevideo finden wir Platanen «wie in Frankreich». Wir sind zwar im Monat Juni, und doch fallen die Blätter . . .

Montevideo riecht nach Wasser und Licht. Bei schönem Wetter ist die Luft erstaunlich leicht und durchsichtig. Aber bei einem plötzlichen Regenguss herrscht in den Strassen ein Sturm wie auf dem Meer. Das Schiff hat bei der Mündung des Rio de la Plata seine Anker geworfen.

Montevideo besitzt eines der angenehmsten Theater der Welt: das Solis-Theater. Es ist wahrscheinlich das Theater, das auf dem kleinsten Raum die grösste Platzzahl (2000) aufweist. Die Innenausstattung ist ganz aus patiniertem Holz. Die Bühne ist schön, die Akustik ausgezeichnet, die Atmosphäre im Saal einmalig. In Montevideo gibt man sich auch restlos aus und arbeitet sich zu Tode. Fünfzehn Vorstellungen in vierzehn Tagen, dazu vier Vorträge. Der köstliche Empfang wäre noch zu erwähnen. Uruguay ist dasjenige Land Südamerikas, in dem man sich am wenigsten fremd fühlt, sondern viel eher wie in einer noch von Traditionen erfüllten französischen Provinz. In Uruguay fühlt man sich wie ein Verwandter. In Brasilien wie ein Liebender. In Argentinien wie ein Verliebter. In Chile wie ein Freund, das heisst, wie ein Wahlbruder.

In Montevideo ist das Personal zusammengebrochen.

Zu Hause löste eine Nachtschicht die Tagschicht ab; doch auf Tournee war immer dieselbe Mannschaft beschäftigt. Ein oder zwei Schauspieler begannen der «Technik» zu helfen; der Theatermensch selbst wurde sogar Requisiteur, Maschinist, Beleuchter. Er trug Scheinwerfer herum, steckte Anschlüsse, verteilte Farbscheiben.

Wieder einmal wurde gegen die Uhrzeit gekämpft.

Die Anstrengung war zu gross, es scheint, dass wir es bezahlen müssen. Die Truppe beginnt, den Rhythmus eines Automaten anzunehmen. Man sucht nach neuen Lebensgeistern, besser gesagt, man wartet auf sie, zum Suchen wäre man zu müde.

Das Solis-Theater leert sich. Draussen machen die Camions die Runde, um unsere sechsundzwanzig Tonnen Kisten einzuschiffen. Die Schauspieler sitzen todmüde und geschlagen auf den Kostümkoffern. Die Belegschaft ist von den durchwachten Nächten auf dem Hund, und infolge ihres abgezehrten Aussehens erkennt man sie kaum mehr.

Die Freunde sind gekommen, um Abschied zu nehmen. In ihren Augen stehen Tränen. Die unseren glänzen, der Mund verzieht sich zu einem Lächeln, das viel zu starr ist, um echt zu wirken. Fast alle sind bis zur Unkenntlichkeit verändert.

Ein letztes Mal sagen wir dem Solis-Theater Lebewohl, diesem reizenden, von Platanen beschatteten Platz. Dann bringt uns ein Schiff zum Wasserflughafen.

Der Rio de la Plata wird zu einer langen, rosafarbigen Schlange, die sich in die Unendlichkeit nach geheimnisvollen Ländern verliert.

Nach zwei Stunden bringen wir die Wasser des Hafens von Buenos Aires zum Kräuseln.

Hier in Buenos Aires fühlt man sich näher bei Paris und wieder frischer.

Die Theater-Abonnements sind für die ganze Saison ausverkauft; in moralischer Hinsicht will das aber nichts heissen. Welcher Ruf auch einer Theatergruppe vorausgeht, es ist doch immer ein harter Kampf. Gewiss, das Publikum ist da, aber man muss es gewinnen. Und wenn es uns zufällig vertraut (wie hier), da merkt man erst, dass es eine noch undankbarere Aufgabe ist, dieses Vertrauen zu rechtfertigen, als es zu gewinnen.

Das sympathische Odeon-Theater ist immer noch vorhanden, aber es ist nicht grösser geworden. In Rio waren wir in einer Riesenoper. In Sao Paolo in einer geräumigen Halle. Das Solis ist mittelgross, das Odeon ist sehr klein, wohin sollen wir mit unseren Kisten?

Die Nerven der Techniker sind schwach geworden. Die Truppe ist mutlos, einige murren wie vor einem Aufruhr. Der Theatermensch wird sich bewusst, dass er zu viel von ihnen verlangt hat. Er konnte nicht voraussehen, dass Montevideo ihnen den Mut nehmen würde. Und trotzdem muss es weitergehen. Auch sein Geschäftsleiter weiss das genau, aber er sieht den Zustand seiner Leute! Soll alles auseinanderbrechen? Auf der Bühne herrscht eine gedrückte Stimmung. Da und dort einige Hammerschläge. In einer Ecke halblaute Flüche, die alles sagen. Wo ist denn der Geschäftsleiter? Ist auch seine Moral zusammengebrochen? Der Theatermensch ist übrigens auch nicht sehr frisch. Auf der andern Seite der Bühne platzt piötzlich ein Bühnenarbeiter los: «Es ist nicht möglich, so zu arbeiten, sogar die eigene Belegschaft des Theaters ist erledigt; sie hat schon drei Nächte für die Abreise der vorhergehenden Truppe gearbeitet; man kann die Scheinwerfer ohne den Teppich mit den Markierungszeichen nicht aufstellen.» «Wo ist denn dieser Teppich?» «Wie soll ich das wissen, ich bin nicht Gepäckmeister.» Das tönt schlecht. Die Nerven sind im Begriff durchzugehen. «Und der Geschäftsleiter ist nicht da. Lässt er mich im schlimmsten Augenblick im Stich? Schliesslich habe auch ich Nerven, die durchgehen können.» Plötzlich springt der Theatermensch auf, rennt auf der Suche nach dem unauffindbaren Geschäftsleiter Treppen hinauf und hinunter. Er ist in den spärlich beleuchteten Kellerräumen des Theaters angelangt. Eine Kistenlawine hat dieses Untergeschoss geradezu ausgefüllt. Bevor er in diesen erstarrten Dschungel eindringt, steht er still und horcht. In der hintersten Ecke dieses riesigen Kellers hört er seufzen und stöhnen. Er erkennt den Atem des Geschäftsleiters. Er ruft nach ihm. Keine Antwort. Der Zorn steigt in ihm hoch. Er drückt sich zwischen den Kisten durch, entschlossen, seinem Geschäftsleiter die Meinung zu sagen. Aber die Kisten umschliessen ihn, wie wenn sie lebendig geworden wären, und hindern ihn am Weitergehen. Und schon ist er blockiert wie ein Schiff auf einer Eisbank. Er ist schon nahe beim Geschäftsleiter. Dieser klemmt sich mit hochrotem Kopf unter eine Kiste und hebt sie auf. Schweiss rinnt ihm von der Stirne. Er öffnet eine andere Kiste, packt sie aus und zieht triumphierend den Teppich hervor. Der Mann hat sich nicht gerührt; er ist beschämt. Sein Zorn ist vor so viel hingebungsvollem Einsatz selbstverständlich gewichen und hat der

Zärtlichkeit Platz gemacht. Er geht, um nicht bemerkt zu werden, leise weg.

Er steigt wieder zur Bühne hinauf. Bald holt ihn sein Assistent, der unter Paketen verschwindet, ein. Ein Schauspieler kommt dazu und öffnet seine Post. Auch er ist gereizt. In einem arroganten Ton wirft er dem Geschäftsleiter vor, er habe in Paris nicht das Nötige für die Familienzulage für sein Kind veranlasst. Diesmal platzt der Theatermensch, er entleert seine Wut über den armen Schauspieler. «Ich pfeife auf dein Kind. Ihr seid unvernünftig. Ihr legt euch keine Rechenschaft über die Arbeit ab, die man Tag und Nacht leisten muss usw. usw.»

Betroffen schleicht der Schauspieler weg.

Man war ungerecht zu ihm. Er hatte ja recht mit seiner Familienzulage ... Er folgt ihm auf die Strasse. «Entschuldige den Auftritt, mein Lieber; aber deine Bemerkung kam ungelegen: wir hatten viele Sorgen, dazu die Müdigkeit, verstehst du, wir sind alle gereizt. Wir werden aber sofort nach Paris schreiben, damit man das Nötige veranlasst. Die Luft war geladen, nicht wahr, es fiel gerade auf dich, aber das hat gar nichts zu sagen.» Eine Umarmung, und alles ist vergessen. Der Theatermensch kehrt auf die Bühne zurück ...

Die Saison in Argentinien war ebenso schön wie anderswo und gleichfalls von Vorträgen, Besuchen, Interviews und Empfängen umrahmt. Jetzt geht sie zu Ende. Nachher kommt nur noch Chile; noch zehn Vorstellungen, und dann ist Schluss.

Die Truppe ist nicht mehr zu erkennen: alle sind wahre Globetrotter geworden; wenn man immer in Verzückung lebt, kümmert man sich am Schluss um gar nichts mehr.

Der Abschied von Buenos Aires vollzieht sich in einer unvergesslichen Atmosphäre von nicht zu überbietender Anhänglichkeit. Morgen um sieben Uhr geht es zum Flugplatz. Heute nacht sind wir alle um vier Uhr ins Hotel zurückgekehrt und haben also kaum geschlafen. Die Koffer müssen noch umgepackt werden, damit nur das leichteste Gepäck mitgenommen wird — Luftfracht.

In seinem Hotelzimmer durchsucht der Theatermensch seinen Koffer. Daraus wählt er nur einige Bücher. Bevor er heimkehrte, war er im Theater vorbeigegangen, um der Belegschaft ein letztes Lebewohl zu sagen und seinem eigenen Personal, das eine weitere Nacht mit Einpacken verbringt, zu zeigen, dass er stets bei ihnen ist. Und ausserdem tut es gut, ein letztes Mal ein Theater, in dem man glücklich war, in sich aufzunehmen.

Der Morgen ist grau und regnerisch; feiner Staub hüllt das Flugdienstauto ein, als ob wir schon im Flugzeug in den Wolken flögen. Nur das Rütteln des Wagens ruft den Schauspielern in Erinnerung, dass sie sich noch immer an Land befinden.

Oh! Molière! Was tun wir dir alles zuliebe!

Es ist auffallend, wie auf allen Flugplätzen eine Spitalatmosphäre herrscht. Man fragt sich, weshalb. Alle sind schweigsam, immer wird, wie vor einer Operation, gewartet.

Und dann kommt der Augenblick: «Die Reisenden in Richtung Santiago, Lima, Mexico, New York wollen sich bereit machen ...» Dann steigen wir ja bei der ersten Station schon wieder aus. Die Gruppe bewegt sich brav vorwärts und lässt sich, resigniert, einer nach dem andern in diesen zerbrechlichen Silbervogel einpacken. Himmelsvogel.

Ein plötzlicher Start. Alle Landstriche Argentiniens, die fruchtbaren, die öden, die Steppen, dann die Berge und die Krater, jetzt die Höhen, werden überflogen. Die weissen Kordilleren sind immer noch über dem Flugzeug — ununterbrochen steigen wir: 8000 Meter. Dann leichter Nebel...

Nach drei Stunden ist man auf der anderen Seite der Welt. Die Anden heben sich schwach von den Wolken ab, und man ist erstaunt, dass man sie überflogen hat.

Santiago, Chile. Der Pazifik und Valparaiso! Das heisst für die Schauspieler: ein Flugplatz, ein Wagen, ein Hotel und das Theater. Wieder dieselben Kisten. Zum fünften Mal Garderobenverteilung. Der Kulturattaché ist da, wie in allen andern Städten. Er stürzt sich auf den Theatermenschen und zeigt ihm, wie er seine Zeit verwenden kann:

Pressekonferenzen. Vortrag über die Liebe zum Beruf. Vortrag über Claudel. «Sie werden das Diplom der Universität erhalten.» Vortrag über Molière. Besuch bei einer jungen Truppe etc. etc.

In jedem Fall muss der Theatermensch die drei Monate, die er hinter sich hat, vergessen und sich einbilden, er käme nach drei Monaten Bergferien vollkommen ausgeruht in dieser Stadt an, wo man ihn seit langer Zeit erwartet.

Aber der Spiegel, in dem er sich anschaut, zeigt ihm ein trauriges Bild. In Montevideo hat er seine ersten grauen Haare entdeckt. Doch was bedeutet das! Etwas übersteigt noch seine Vorstellungskraft: die Freundlichkeit der Chilenen, die Herzlichkeit, mit der sie ihn empfangen, die Echtheit ihrer Begeisterung und ihre aussergewöhnliche Liebe zum Theater.

Der Theatermensch geht weg, als ob nichts geschehen wäre. Die Leute von der Technik und die Truppe gehen übrigens wieder mit neuem Mut an die Arbeit: es ist die letzte Etappe.

Jede Schauspielertruppe hinterlässt Spuren, die die folgenden Truppen wiederfinden.

Hier z. B., in Santiago, gibt es, mit dem Taxi eine halbe Stunde vom Theater entfernt, bei einem öden Vorstadtbahnhof eine alte, kleine Wirtschaft, die von Franzosen geführt wird. Diese Wirtschaft hat ihre Geschichte. Der Theatermensch hat davon gehört, und er benützt einen ruhigen Augenblick, um auf die Suche nach ihr zu gehen. Seit vier Monaten konnte er keine Minute mehr allein sein. Dieses eine Mal besteht er darauf, er reisst aus und lässt sich zu dieser Wirtschaft fahren. Angeblich soll sie «Chiquito» heissen.

Der Taxi fährt durch die engen Strassen von Santiago, die, sobald man den innersten Stadtkern verlassen hat, von merkwürdigen, niederen Häusern mit nur ein oder zwei Stockwerken eingerahmt sind. Alles beweist, dass er den Aussenquartieren entgegenfährt: Garagen, ärmliche Strassen, die breiter werden, kleine Cafés, Kinder, die im Strassengraben spielen. Und ganz am Ende einer langen Strasse zeichnet sich die verglaste Eisenwölbung eines schwarzen Bahnhofes ab. Fünfzig Meter vor dem Bahnhof hält das Taxi an, setzt seinen Kunden ab und fährt weg. Der Theatermensch steht vor einem uralten, reichlich schmutzigen und sehr typischen Hotel — kurz, einem zweifelhaften

Haus. Er sagt sich: «Es ist unmöglich, dass er hier verkehren konnte.» Von wem spricht er denn?

Und doch melden verkleckste Gipsreste: «Hotel Chiquito». Er tritt ein. Kein Mensch. Er dringt durch einen totenstillen Gang bis zu einer Türe vor, die er öffnet: drei Frauen, zwei liegend, eine stehend, mit wunden Lippen, schauen ihn verwundert an. «Das Restaurant Chiquito?» Nach ihrer Antwort merkt er, dass es nicht hier, sondern noch weiter, beim Bahnhof, ist.

Wie er sich dann wieder dem Bahnhof nähert, beginnt das Getöse von neuem. Und wirklich sieht er bald auf der linken Seite dasselbe Wort «Chiquito». Das Restaurant ist einfach, aber sauber. Er betritt einen kleinen Saal, voll von viereckigen Zweier- oder Vierertischchen. Neonlicht erhellt das Zimmer, in dem er eine Grünpflanze, einen verglasten Kasten voller Fleischwaren, einen Schanktisch mit trockenem Gebäck und Flaschen entdeckt; an den Wänden hängen Plakate aus Frankreich: Loire-Schlösser, Weinlese in der Champagne, Notre-Dame von Paris und ... gut sichtbar wie eine Reliquie, eingerahmt ein Photo von Louis Jouvet. «Meinen Freunden Chiquito ..», usw. Der Mann erkennt die leserliche Schrift seines «älteren Bruders» mit seinem Druckschrift-«a». Es ist Louis. In diesem Fall widerstrebt ihm das Wort «Chef» nicht. Hier hat sein «Chef» schwere Augenblicke durchgemacht, die nur durch die Freundschaft dieser Leute erleichtert wurden. Jouvet war in dieser Zeit durch den Krieg von Frankreich getrennt; er hatte kein Geld mehr; seine Truppe brach in zwei Teile; er hatte Liebeskummer; die Nachricht von Giraudoux' Tod erreichte ihn.

Der Mann spricht zum Besitzer des Restaurants. Dieser erzählt von «Monsieur Jouvet». Von dessen Leben zu jener Zeit. Der Theatermensch ist tieftraurig, und doch fühlt er irgend etwas, an dem er hängt; diese Traurigkeit ist ihm teuer. Paris ist 15 000 Kilometer weit entfernt. Und hier schwebt noch der Geist und nach und nach auch die Gegenwart Jouvets. Da er Jouvet gut kannte, setzt er sich an dessen Platz, und während er automatisch etwas isst, träumt er von ihm und allen Prüfungen, die ihm auferlegt wurden.

In Santiago ist Romain Bouquet, der Gefährte der ersten Anfänge Jouvets, ein reizender Schauspieler, gestorben. Er nimmt sich vor, ihn auf dem Friedhof zu besuchen. (Einige Tage später sollte er feststellen, dass die zwei Chileninnen, die ihn gepflegt hatten, seit seinem Tode vor zwölf Jahren jede Woche Blumen hinbringen! . . .)

Er isst wenig und trinkt zum ersten Mal wieder französischen Wein. Er empfindet das Leben durch alle Poren seiner Haut und fühlt die tiefe Verbundenheit aller Schauspieler auf der ganzen Welt.

Diese Augenblicke der einsamen Sammlung in diesem unbekannten Quartier haben ihm gut getan. Bei der Rückkehr ins Theater ist er überzeugt, dass die vielen jungen Theatergruppen, die heute hier über alles, was in der Welt passiert, auf dem laufenden sind, ihr Aufblühen diesem verlängerten Aufenthalt Jouvets verdanken. Jouvet hat in Südamerika, und besonders in Chile, ein Geschlecht begründet.

Ueberhaupt kann man im Ausland viel stärker als in Paris den Einfluss spüren, den die Bewegungen des Vieux-Colombier, von Jacques Copeau und des Cartel, gehabt haben. Der heutige Theatermensch findet häufig mit den Theaterbewegungen all dieser Länder grössere Uebereinstimmung als mit bestimmten Pariser Cliquen. Im Ausland ist nämlich die Auswahl getroffen. Ueber Paris hinaus gelangt nur, was wirklich Strahlenkraft besitzt.

In Paris wird ein bisschen in allem herumgefaselt, im Schlechten wie im Guten, und oft fehlt der Abstand, um entscheiden zu können, was gut und wertvoll ist.

Ja, diese Reise hat ihm gut getan; sie half ihm, seinen Standort zu bestimmen.

Haben übrigens die besuchten Städte nicht eben das bevorzugt, was ihm im geheimen am liebsten war? Das sollte ihn ermutigen.

Heute abend wird er noch verantwortungsbewusster, mit noch mehr Konzentration spielen.

«Wohin ist meine Müdigkeit verschwunden . . ?» sagt er zu sich, als er wieder in seine Garderobe stürzt.

Der letzte Abend ist da. Wir werden Abschied nehmen müssen. Abschied von dieser Stadt und von unserer Tournee.

Die Bühne ist raffiniert mit Kostümkoffern, mit Samtteilen, Dekorationsstücken, Kisten und einem verlassenen Klavier vollgestopft. Scheinwerfer erhellen sie mit gebrochenem Licht. Der älteste der Truppe spielt einige Melodien von Debussy, und der Vorhang geht über dieser Abschiedsstimmung hoch.

Die beiden Leiter der Truppe, der Mann und die Frau, kommen aus dem Hintergrund des Saales nach vorn zur Bühne und betrachten für einen Augenblick diesen traurigen Anblick. Dann steigen sie auf die Vorbühne. Der Mann hält den Stock in der Hand.

«Meine Damen und Herren, dieser Stock, das Holzstück, mit dem man die drei Schläge klopft — französisch nennt man ihn ‚brigadier' oder auch ‚molière' —, der während drei Monaten das Klopfen unserer Herzen bedeutete, liess den Vorhang dieser Bühne über Hamlet, über den ‚Fausses Confidences', über Scapin, über Amélie, über ‚Partage de Midi', über dem ‚Prozess' usw. usw. hochgehen. Was ist heute davon übriggeblieben? Koffer mit Kostümen, Treppenteile, ein Fenster, ein Tisch aus weissem Holz, eine Glocke. Was ist von Hamlet geblieben? Dieses Schwert, dieses Stück Samt...»

Doch da hört man plötzlich, hinter dem Samt, die Stimme der Ophelia; sie erscheint als Wahnsinnige und singt zum letzten Mal vor diesem Publikum, von dem sie vor einigen Tagen beklatscht wurde, eine ihrer alten Romanzen.

«Was gibt es denn, Ophelia?»

Sie spielt nochmals ein Stück aus ihrer Szene: «Gute Nacht, meine Damen, gute Nacht, reizende Damen, gute Nacht...» dann verschwindet sie.

Doch die Beschwörung Shakespeares wird plötzlich brutal von zwei zankenden Graubärten, die hinter der Scapin-Treppe hervorkommen, unterbrochen, Argante und Géronte. Das Publikum erkennt sie, entspannt sich und beklatscht sie... Der Theatermensch stösst sie voller Achtung in die Kulissen zurück.

«Meine Damen und Herren, Sie sehen, wenn sich unsere Kostüme und Bühnenbilder folgsam einpakken lassen, so folgt noch nicht ein Gleiches für unsere Figuren. Unsere Figuren haben ein zähes

Leben, und noch lange nach unserer Abreise flattern sie wie hartnäckige Fliegen um uns. Und sogar diejenigen, die wir endlich in unseren Schubladen versorgt haben, warten nur darauf, hervorschlüpfen zu können. Hier, auf diesem Tisch, sehen Sie zum Beispiel die Glocke von ‚Partage de Midi'. Ich bin sicher, es genügt, auf die Glocke zu schlagen, wie die Viertelschläge am Anfang von Claudels Werk, wo Ysé und Mésa sich auf dem Schiff zu erkennen suchen, um in meiner Kollegin die ganze Rolle der Ysé zu erwecken. Sehen Sie nur!» Der Mann klopft «die drei Doppelschläge» auf die Glocke. Plötzlich richtet sich die Kollegin auf und sagt: «Mésa, ich bin Ysé, ich bin's...» Doch da erscheint unerwartet ein Diener auf der Bühne: «Madame hat geläutet?» «Adonis...» antwortet die Kollegin sofort, die Ysé aufgibt und sich in die gute Amélie verwandelt.

Der Mann fängt an, Verzweiflung vorzutäuschen, denn fast alle Figuren, die für das Publikum gelebt haben, nehmen nach und nach die ganze Bühne ein, und es folgt daraus eine Art Potpourri der verschiedenen Stücke, die gespielt worden sind. Die Abschiedsvorstellung setzt sich in einer rührenden Annäherung zwischen Truppe und Publikum fort. Die einen wie die andern sind verzweifelt, dass sie sich trennen müssen. Dank den Abonnements, die das Publikum drei Wochen lang zweimal jede Woche versammelt hatten, lernten sich Schauspieler und Zuschauer kennen. Wir sind gewissermassen die «Hof-Schauspieler» der Chilenen geworden, wie man ehemals «Hof-Schauspieler des Königs» war.

*

Die Abschiedsvorhänge hören nicht auf. Dem Theatermenschen liegt viel daran, die ganze Belegschaft des Theaters auf die Bühne kommen zu lassen, die sich brüderlich mit dem technischen Personal der Truppe vereint, die sich ihrerseits zu den Schauspielern gesellt hat. Das hohe Ziel ist erreicht: die menschliche Gemeinschaft lebt!

«Kommt wieder! Kommt wieder!» Die Augen sind voller Tränen. Ein schöner Lebensabschnitt geht zu Ende.

Am nächsten Tag reisen wir ab, müde, aber glücklich, traurig, doch erleichtert.

Mit andern Augen machen wir die ganze Reise zurück. Man ist weniger belastet.

Auch das Südliche Kreuz zeigt sich und verschwindet eines Nachts in den Fluten, nicht ohne seinem Verbündeten, dem Polarstern, grüss Gott gesagt zu haben.

Zwei Schalen derselben Waage tanzen um das Schiff.

Eines schönen Morgens erhebt sich die Sonne hinter Marseille. Der Theatermensch liegt auf seinem Lager, und wie gewöhnlich träumt er. Die Matrosen waschen das Deck. Plötzlich richtet er sich im Bett auf; er hat im Traum einen Satz aus «Partage de Midi» wiederholt: «Und unter den Füssen knirscht dieser Sand, zur Stunde, wo das Deck gewaschen wird.» Da kommt ihm ein anderer Satz in den Sinn: «Es ist dumm, die Sonne allein aufgehen zu lassen.» Er sieht durch die Schiffsluke und sieht, wie die liebe Sonne emporsteigt. Er schlüpft in seinen Trainer, hüllt sich in seinen Poncho und klettert auf den Laufsteg.

Weit in der Ferne heben sich als kleiner, blauer Streifen die Berge von Marseille ab.

Er ist glücklich, obschon verwundert, das sentimentale Zwicken, das er auf den ersten Reisen fühlte, nicht mehr zu spüren. Dadurch, dass er gegen die Wellen kämpfen musste, ist er sich der Welt bewusst geworden. Diese geographische Einheit, Frankreich genannt, mit ihrer Teekannenform, an die er von Kindheit an gewöhnt war, hat sich mit den Jahren verändert und gleicht heute einer Orange. «Her Majesties» in Montreal, das «Ziegfield» in New York, das «Saint-James» in London, das «Eliseo» in Rom, das «Solis» in Montevideo, das «Lyceum» in Edinburg, das «Fenice» in Venedig, all diese Schauspielhäuser und Stadttheater sind heute auch sein Theater. Er kennt sie, er hat in ihnen gelitten, er hat sie lieben gelernt. Und gerade in diesen Ländern fühlt er sich wie noch nie «zu Hause». Ein Franzose fühlt sich nie so sehr als Franzose, wie wenn er im Ausland ist.

Ach, sein Zustand ist recht verworren: denn trotzdem freut er sich, seinen eigenen Boden wiederzufinden.

Wie er den Horizont und die Spur, die das Schiff schneidet, betrachtet, nimmt er ein Paket aus seiner Tasche und zündet eine Zigarette an. Seit einigen Tagen raucht er wieder, und er wird rauchen, bis die Proben von neuem beginnen.

Jetzt steht die Sonne hoch; das Schiff legt mit gewohnter Ruhe im Hafen an. Kaum verringert sich die Distanz zwischen den Kais und unserer Seite. Die Silhouetten auf dem Landungssteg sind noch wie Bilder. Aber plötzlich, wie ein Einklinken, hat man ihre Gegenwart gespürt. Bei der Distanz von ungefähr dreissig oder fünfzig Meter. Das ist die geheime Grenze zwischen Land und Erde. Es riecht nach Mensch und festem Boden.

Er geht hinein und zählt seine Koffer. Auf einer Laufbrücke trifft er seinen Assistenten, seine rechte Hand, seinen Vertrauensmann, seinen engsten Mitarbeiter: die beiden Männer schauen sich einen Augenblick lang in die Augen, jeder spürt, dass diese Anstrengung von mehr als einem Jahr im Begriff ist, sich aufzulösen. Tränen steigen in ihre Augen, und sie umarmen sich. Natürlich lachen sie darüber, aber sie umarmen sich und lachen beim Heulen; ihre Nerven sind durchgegangen; die Anstrengung ist gebrochen, das Leben ist hinter ihnen.

Die Landungsbrücke wird herbeigefahren und wirft uns in den Wirbel zurück. Der Zoll, die Polizei, die Freunde und die Zeitungsleute. Diese bringen Paris. Das Interview ist liebevoll, aber öffnet die alten Narben. Der Theatermensch hätte erwartet, glücklicher zu sein. Er ist es aber nicht; sicher, weil er eine wunderbare Zeit seines Lebens beendet hat.

Jetzt ist er wieder an Land; er beschaut sich das Schiff, wie wenn man ein liebes Tier verlässt. Sein Herz ist schwer.

Das Licht Marseilles bezaubert ihn; der Duft der Provence ist immer gleich berauschend. Nach und nach kehrt er in die Gegenwart zurück. Die allgemeine Zuneigung tröstet ihn, seine Kinderseele, die plötzlich das komische Gefühl hatte, man führe ihn in die Pension zurück, macht langsam dem Manne Platz, der wieder nach dem Leben verlangt ... Hätte die Marseiller Polizei ihre Aufmerksamkeit dieser Café-Terrasse, die ihre runden

Tischchen über den alten Hafen ausbreitet, geschenkt, so hätte sie eine Gruppe sonnenverbrannter Leute mit merkwürdigem Gepäck und erstaunlicher Kleidung bemerken können. Es sind unsere Schauspieler vor ihrem Café crême.

Und die Angestellten, welche um drei Uhr auf dem Bahnhof Saint-Charles den Expresszug «Mistral» bedienen, hätten ihren Eindruck über diese geräuschvolle Truppe, die die Wagen erstürmte, so zusammenfassen können: sie haben gut zu Mittag gegessen und wieder ernsthaft mit dem Wein «Rosé du Var» Fühlung genommen.

In einer Sekunde sind vier Abteile von unserem Volk belegt.

Der Theatermensch ist nun geheilt. Er hat ein Buch geöffnet, in das er von Zeit zu Zeit ein paar Notizen macht.

Der Zug fährt mit grosser Geschwindigkeit gegen Paris.

Der Theatermensch vertieft sich in sein Buch, er füllt den Rand mit Notizen. Steckt er die ersten Richtungspfeiler für eine neue Inszenierung? Der Rhythmus des Zuges betäubt ihn. Er legt das Buch auf die Knie und schaut durchs Fenster. Vor seinen Augen fährt die Landschaft vorbei. Die Erinnerung an Gide steigt in ihm auf. Eine fromme Person warf Gide vor, den äussern Dingen dieses Lebens zu viel Wert beizumessen, während doch das Leben einer Fahrt im Eisenbahnwagen vergleichbar sei, die durch Gegenden führe, die nicht von Dauer wären. Da antwortete Gide: «Den Eisenbahnwagen kann ich während der ganzen Ewigkeit betrachten, die Gegend aber, die vorbeirollt, nur kurze Zeit. Also lassen Sie mich wenigstens hier auf der Erde die Nase aus dem Fenster stecken.»

Die Provence beginnt grüner zu werden, Maulbeerbäume und Obstgärten tauchen auf. In der Ferne erkennt man die Alpen, die den Mann an so vieles erinnern.

Immer wieder zwingt er sich zum Lesen. In der Tat ist es ein neues Stück, ein neues Werk, das ihn beschäftigt; er taucht eine Zeitlang darin unter.

Im Gang diskutieren seine Kollegen ungehemmt. Er fühlt sich zerstreut. Ausserdem sind seine Batterien auf dem Nullpunkt, und er merkt, dass seine Arbeit fruchtlos ist. Es ist wahr: er ist völlig ausgeschöpft. Er hat seine ganze Substanz auf dem andern Kontinent gelassen. Es ist besser, zu träumen.

In seinen Gedanken rekonstruiert er die Provence, ihre wichtigsten Städte, das Land, das er so sehr liebt.

Aber auch Südamerika, wo seine Truppe die ersten Schritte ihres internationalen Lebens machte, bleibt er dankbar. Brasilien ist sein Lieblingsland, aber auch Chile zieht ihn an; für Uruguay hegt er eine warme Zuneigung, und Argentinien mit seinen bezaubernden Leuten und dem Tigerdelta bewahrt für ihn einen besonderen Reiz.

Vor langer Zeit hatte er sich geschworen, dank seiner Arbeit die Welt zu bereisen.

... Ein paar Stösse des Zuges bringen ihn wieder in die Wirklichkeit zurück und führen ihn ebenso rasch wieder in der Erinnerung in jenen englischen Zug, der die Truppe nach Glasgow brachte. Dann Edinburg. Auch Kanada, dieses zweite Frankreich, wurde besucht. Dann Amerika,

119

über das jedermann seine Meinung abgibt, und das in uns einen richtigen Arbeitsdrang erweckte; ja, die elektrische Spannung New Yorks macht einem Lust, die Aermel aufzukrempeln.

... Unmerklich werden die Alpen immer grösser. An ihrem Fuss muss sich, inmitten ehrwürdiger Linden, das alte Château de Brangues erheben, wo im Augenblick Paul Claudel mitten unter seinen Linden und neunzehn Enkelkindern wohnt. Sein alter Meister Claudel, dem er so sehr verbunden ist.

Und auf der andern Seite der Alpen ist Italien, ein uraltes Theaterland voll unendlicher Schönheiten.

Er sieht jenen Abend im neuen Mailänder Theater Manzoni wieder, wo die Truppe einen Rezitationsabend mit französischer Lyrik darbot. Am selben Abend im selben Gebäude wurde ein Film über das Leben General Rommels gezeigt. Militär war aufgeboten worden, um eventuelle Zusammenstösse zu verhindern. Bei Rommel geschah nichts, dagegen mussten Soldaten eingesetzt werden, um den Ansturm der Zuschauer zu bändigen, die gekommen waren, um La Fontaine, Baudelaire und Rimbaud zu hören. Die Dichter hatten an jenem Abend die Generäle geschlagen.

Von Italien reiste die Truppe, so erinnerte er sich, nach London, wo sie von Laurence Olivier empfangen wurde. London, das beste Publikum der Welt. «Nicht verwunderlich, dank Shakespeare sind sie allen andern um fünfzig Jahre voraus.» Er empfindet nochmals die Verwirrung, die dieser vornehme Empfang bei allen hervorgerufen hatte. Vom Höchstgestellten bis zum Einfachsten waren es lauter «gentlemen». Was für ein nobles Volk, diese Engländer!

Jetzt sind seine Gedanken in Brüssel, in Brüssel, wo er seine Anfänge als Theatermensch erlebte, Brüssel, das er so häufig besuchte, und für das er stets einen besonderen Platz in seinem Schauspielerherzen bewahren wird. Nach Brüssel führte er auch seine Truppe schon im ersten Jahr ihres Bestehens und begann dort mit den «Fausses Confidences» und «Baptiste» seine erste Tournee. Damals waren es vierzig; man hatte nämlich den Schauspielern gestattet, ihre Frauen und Kinder mitzunehmen; es war keine Familie mehr, sondern eine Ferienkolonie. Trotzdem war man glücklich. Die erste Saison hatte solchen Erfolg gehabt.

In Lausanne, in der Schweiz, feierten wir zum ersten Mal eine hundertste Aufführung, diejenige von «Fausses Confidences».

So jung wie er damals war, hatte der Theatermensch den Empfang der Neueintretenden der bekannten Gesellschaft «Belles-Lettres» Lausanne präsidiert, der bis tief in die Nacht dauern sollte.

Der Theatermensch war damals glücklich über sein Jahr, seine neue Truppe, seinen jetzigen Erfolg, und er hatte Vertrauen in die Zukunft. Auf den folgenden Tag hatten er und seine «Teilhaberin» alle ihre Kollegen zu einem Fischessen in ein kleines Restaurant beim Hafen von Pully, einer Ortschaft nahe bei Lausanne, eingeladen, wo der Dichter C. F. Ramuz, den er kannte, bewunderte und liebte, zu Hause war. Morgens gegen viereinhalb Uhr war die Inthronisation der neuen Mitglieder beendet, und das ganze nette Völklein machte sich auf den Heimweg. Auf der Strasse erwartete ihn jemand: «Ramuz ist eben gestorben.» Er empfindet einen tiefen Schmerz, genau so gross wie seine Verehrung für den Dichter. Ein Mitglied seiner grossen geistigen Familie verschwindet; ein Teil seines Wesens ist in Trauer versunken.

Trotzdem geht es am nächsten Tag bei der Jubiläumsfeier lustig zu: nach den Fischen und andern Gerichten wird die Torte, auf die der Pâtissier: «Marivaux, Fausses Confidences, zum 100. Mal» aufgezeichnet hatte, verteilt. Der Fendant floss in reichlichem Masse. Das Glück des Theatermenschen wäre vollkommen, wenn er nicht die Gegenwart seines grossen Freundes auf dem Hügel, fünfhundert Meter von der Laube entfernt, spüren würde. Als die ganze lustige Gesellschaft beim Café-Marc ist, verschwindet er unbemerkt, nachdem er mit der Einwilligung des Besitzers ein paar Rosen am Strauch, der das Haus schmückt, geschnitten hat.

Unter der herrlichen Maisonne steigt er den Weg zwischen den Reben hinauf und kommt zum Platz vor der kleinen Kirche, wo das Haus von C. F. Ramuz steht. Er klopft, man öffnet. Er tritt ein. Ramuz ist noch auf seinem Bett, seine Hände sind gefaltet, die dichten Haare sind gekämmt, die Lippen unter dem groben Schnurrbart sind blau.

Weit weg ist die Fröhlichkeit seiner Kameraden. Fünfhundert Meter Erdenweges haben genügt. Von einem Pol ist er zum andern gelangt. Erschüttert kehrt er zurück. Erschüttert durch diesen Verlust, erschüttert auch durch dieses gegensätzliche Leben, das erfüllt ist von Arbeit, Freude und Leid.

*

Und wiederum ist er in diesem Zug, wiederum ist er von einem Ende zum andern gewandert und hat die entgegengesetzten Stufen menschlichen Daseins durchlebt. Von den Launen der weiblichen Mitglieder bis zur Völkerannäherung; von den Zaubersprüchen Afrikas bis zum Religionsunterricht der Nonnen von Rio; von Marivaux bis zu den Kanonenschüssen politischer Manifestanten.

Der Bahnhof von Lyon-Perrache führt ihn zu seinen ersten Anfängen zurück, zu seinem Lehrer Charles Dullin, der mehr als sein Lehrer war, ein Vater, der denjenigen ersetzte, den er mit acht Jahren verloren hatte.

Er sieht sich, wie er ihm, als ganz junger Mann, auf seiner ersten Tournee durch verschiedene Städte Frankreichs folgte: Lyon, Grenoble, Chambéry, Clermont-Ferrand, Biarritz, Bordeaux, Angoulême, Poitiers.

Da er der Jüngste war, hatte ihm Dullin eine Glaskugel anvertraut, die — äusserst zerbrechlich — in der «Komödie des Glücks» von Evreinow gebraucht wurde. Es gab selbstverständlich keine zweite. Er sieht sich, wie er in den wie jetzt überfüllten Zügen hartnäckig seine Glaskugel trug, wie ein Priester das Sakrament.

Dullin, ja, das war ein Theatermensch, ein Komödiant, ein Fahrender. Er war nie müde, immer frisch, immer zur Begeisterung bereit.

Jetzt nimmt er sein Buch wieder auf: tatsächlich, dieses neue Stück reizt ihn, es zieht ihn an, es fesselt ihn; schon sieht er es auf der Bühne seines Theaters in Paris ...

Paris. Das Saint Antoine-Spital und die letzten Augenblicke Dullins: für das Theater gestorben.

Paris. Das Athénée-Theater und Jouvet, der in seiner Garderobe stirbt, für das Theater.

Durch die Rue Tronchet kommt man zum Mathurins-Theater: Pitoëff, von einem Herzschlag getroffen, für und durch das Theater.

Und Molière, der seine Lungen heraushustete, für Paris, für das Theater.

Ihr wollt «Theatermenschen»? Da sind sie: Dullin, Jouvet, Copeau, Molière, Pitoëff ...

Jouvet, Dullin, Pitoëff.

Sein Kopf wird schwer, seine Augen brennen, er neigt sich über sein Buch. Und der Zug fährt Paris zu.

Paris, Dullin, Pitoëff.

Copeau, Copeau, Dullin.

Und du? Bist du wirklich ein Theatermensch?

Ach, könnte ich einer werden!

Ein richtiger!! Ein echter!!

Auf den Schienen gibt der Zug die drei Takte an:

Fahrender.

Fahrender.

Fahrender.

Man saust durch einen Bahnhof und wird von den Weichen geschüttelt.

Liebe zum Menschen.

Liebe zum Menschen.

Liebe zum Menschen.

Der Bahnhof ist vorbei; der Zug fährt mit der alten Geschwindigkeit.

Für den Menschen.	Auf dem Menschen.
Für den Menschen.	Durch den Menschen.
Für den Menschen.	Für den Menschen.

... und kommt wieder in seinen Rhythmus, nach Paris, nach Paris, nach Paris, nach Paris ...

Jetzt fällt sein Kopf auf die Schulter. Er lässt sich vom Zug einwiegen und sinkt in einen tiefen Schlaf. Doch sein zweites Ich wiederholt:

Fahrender

Fahrender

Fahrender

Fahrender

Und dann beginnt er von seiner nächsten Aufführung zu träumen.

Fahrender

Fahrender

Fahrender

Fahrender ...

24. August — 11. September 1954.

Jean-Louis Barrault

Jean-Louis Barrault wurde am 8. September 1910 in Le Vésinet (Seine) geboren. An seinem 21. Geburtstag debutierte er im »Théâtre de l'Atelier« Charles Dullins in der Rolle des *Volpone* in Jules Romaines gleichnamigem Stück. Zur gleichen Zeit studierte er Pantomime bei Etienne Decroux, einem Mitarbeiter Dullins.

Mit seiner ersten eigenen Truppe begann er sich ab 1935 auch als Regisseur einen Namen zu machen; zunächst im »Théâtre de l'Atelier«, dann im »Théâtre Antoine«. Inszeniert wurden u. a. eine *Hamlet*-Bearbeitung des Lyrikers Jules Laforgue und *Hunger* nach Knut Hamsuns Roman. Und Barrault wirkte als Filmschauspieler u. a. in: *Les beaux jours* (1935), *Jenny* (1936), *L'Or dans la Montagne* (1938), *Sous les Yeux d'occident* (1937); in insgesamt 25 Filmen hat Barrault seither gespielt. Während der Dreharbeiten zu *Hélène* (1937) lernte er die Schauspielerin Madeleine Renaud kennen. Die beiden heirateten im September 1940.

Aktiven Anteil nahm er an den Diskussionen der Pariser Surrealisten um André Bréton und Antonin Artaud. Der Lyriker Prévert engagierte ihn 1944 für seinen unvergessenen Film *Les enfants du Paradis* (Kinder des Olymp).

1940 folgte Barrault einem Ruf von Copeau an die »Comédie Française«, debutierte dort in der Rolle des Rodrigo im *Cid* von Corneille. Barraults Inszenierungen an der »Comédie Française« eroberten bald das Publikum: zunächst *Phèdre* von Racine, dann der *Seidene Schuh* von Claudel. 1942 wurde er Gesellschafter der Comédie, verließ die »Comédie

Française« jedoch 1946 aus Protest gegen die starren Formen dieses Staatstheaters.

1947 gründeten Madeleine Renault und Jean-Louis Barrault mit einigen Gleichgesinnten die »Compagnie Madeleine Renaud – Jean-Louis Barrault«, eine Privatbühne im »Théâtre Marigny«, mit einem vorwiegend literarischen Programm; diese Bühne galt lange Zeit als eine der besten von Paris. Diesen Ruf begründeten Inszenierungen wie *Hamlet* (in der Übersetzung von Gide), *Der Prozeß* (für das »Théâtre Marigny« bearbeitet von Gide und Barrault), *Belagerungszustand* nach dem von Camus ebenfalls für dies Theater bearbeiteten Roman *Die Pest*.

Wohl wegen des anspruchsvollen Programms geriet das Privattheater in finanzielle Schwierigkeiten, die Truppe unternahm ausgedehnte Tourneen, die bis nach Südamerika führten; nach Paris zurückgekehrt konnten Barrault und Renaud jedoch, beginnend mit Claudels *Christophe Colomb*, an alte Erfolge wieder anknüpfen.

1959 wurden Barrault und seine Frau zu Direktoren des zweiten staatlichen Theaters in Paris, des »Théâtre de France«, bestellt. Auch hier gelangen wegweisende Inszenierungen des Barrault-Renaudschen Theaters – so etwa seine Bühnenfassung von Kafkas Roman *Amerika* (1965) oder die Uraufführung von Billetdoux' *Il faut passer par les nuages* (1963) –, des Theaters, das, wie er selbst sagte, seine Form findet in einer »Schauspielkunst, die gleichzeitig die Poesie des menschlichen Körpers ist«. Nachdem Barrault während der Maiunruhen 1968, das »Théâtre de France« den Studenten geöffnet hatte und dessen Spielstätte im »Odéon« zu einem Ort permanenter Diskussionen wurde, wurde Barrault Anfang September 1968 vom damaligen Kultusminister André Malraux – trotz weltweiter Proteste – seines Postens als Schauspieldirektor enthoben; die staatlich subventionierten Theatersäle blieben ihm bis auf weiteres verschlossen.

Die Truppe um Barrault wich zunächst in Zirkuszelte aus – mit einer Jarry-Collage. Im Mai 1974 gelang die Gründung eines Theaters, im damals leerstehenden »Gare d'Orsay«. Diese Neugründung wurde getragen vom »Centre international d'art dramatique«, zu dessen Mitgliedern Max Ernst, André Masson und Guy de Rothschild gehörten. 1978 übernahm Barrault für zwei Jahre die künstlerische Leitung des neugegründeten »Théâtre Français de Vienne«. Das »Théâtre d'Orsay« mußten Barrault und seine Truppe 1981 räumen, dort begann der Umbau des Bahnhofs zum »Museum des 19. Jahrhunderts«. Mit dem »Rond Point« an der Champs Elysées baute der französische Staat für die Compagnie Renaud–Barrault ein neues Theater. Pierre Boulez, ein Freund Barraults, hat es mit einem Konzert eröffnet. Barraults erste Inszenierung in diesem neuen Haus war *L'amour de l'amour*, eine Montage nach dem *Goldenen Esel* von Apulejus, aus einem Roman La Fontaines und Molières *Psyche*; 1984 folgte *Angelo, tyran de padoue* von Victor Hugo, 1985 die *Vögel* von Aristophanes.

Gertrude Stein
Autobiographie von Alice B. Toklas
Aus dem Amerikanischen von Elisabeth Schnack
312 Seiten. Brosch.

Drei Leben. Erzählungen
Mit einem Vorwort von Cesare Pavese
Aus dem Amerikanischen von Brigitte Gerlinghoff
320 Seiten. Brosch.

keine keiner. Ein Kriminalroman
Aus dem Amerikanischen
und mit einem Vorwort von Renate Stendhal
Herausgegeben und mit einem Nachwort
von John Herbert Gill
125 Seiten. Fotos. Geb.

Portraits und Stücke I und II
Geography and Plays
Aus dem Amerikanischen von Bernd Samland
277/286 Seiten. Geb.

»In ihren Büchern ist das Leben eine schrecklich klare
Angelegenheit.« Cesare Pavese

Französische Autoren

in der Sammlung Luchterhand

Guillaume Apollinaire
Die Maler des Kubismus
Essay. SL 851
Apollinaires Streitschrift ist das Dokument der modernen Kunst, nicht nur in der Malerei, auch in der Literatur. Ein Text, der wegbereitend wurde für abstrakte Malerei ebenso, wie für den Surrealismus oder die konkrete Poesie.

Henri Bergson
Das Lachen
Ein Essay über die Bedeutung des Komischen
Aus dem Französischen von Roswitha Plancherel-Walter
SL 757

Albert Camus
Hochzeit des Lichts
Heimkehr nach Tipasa
Mittelmeer-Essays
Aus dem Französischen von Peter Gan und Monique Lang
SL 755

Emmanuel Carrère
Der Schnurrbart
Roman. SL 845
»Wirklich verrückt wird der Leser, wenn er sich im Fortgang der Lektüre an den wahnwitzigen Wunsch klammert, es möge die Geschichte zuletzt doch auf eine ›normale‹, auf eine eindeutige Lösung hinauslaufen.« *Le Nouvel Observateur, Paris*

Louis-Ferdinand Céline
Gespräche mit Professor Y
Aus dem Französischen von Pierre Gallisaire. SL 828
In seinen Gesprächen mit dem imaginären Prof. Y verspottet Céline alles, was den Literaten hoch und heilig ist: den Literaturbetrieb. Die vorliegende Ausgabe enthält u. a. zahlreiche Fotografien, die Lebensstationen von Céline illustrieren.

Paul Léautaud
Der kleine Freund
Oder: Leichtfertige Erinnerungen
Roman. SL 815
Paul Léautaud schrieb nur über ein einziges Thema: über sich selbst. Hier in seinem Debütroman über seine Jugend.

Pierre Pelot
Tod auf Bestellung
SF-Krimi. SL 751
Wie soll man leben, wenn man den Zeitpunkt seines Todes schon kennt, weil der Staat großzügig eine Lebenserwartungsprognose erstellt?

Claude Simon
Der »großartigste Nachfolger Marcel Prousts«. *Jean Améry*

Das Gras
Roman. SL 637

Die Leitkörper
Roman. SL 636

Die Schlacht bei Pharsalos
Roman. SL 638

Lebenszeugnisse

in der Sammlung Luchterhand

Hanns Eisler
Fragen Sie mehr über Brecht
Gespräche mit Hans Bunge
Mit einem Nachwort von Stephan
Hermlin. SL 679
»›Unter den sehr klugen Leuten,
denen ich im Laufe meines Lebens
begegnete, war Hanns Eisler wahrscheinlich der klügste‹ schreibt
Stephan Hermlin im Nachwort ...
Es ist eine Bibel des dialektischen
Denkens, ein Manifest der phanta-
stischen Vernunft und ein Lehrbuch
der amüsierten Selbstkritik ... Aber
ich schwöre, daß ich künftig mit
niemandem mehr über Ästhetik diskutieren werde, der dieses Buch
nicht gelesen hat.«
Matthias Altenburg, Konkret

Brechts Lai-Tu
Erinnerungen und Notate von
Ruth Berlau
Hg. und mit einem Nachwort von
Hans Bunge. SL 698
»Dies ist keineswegs nur eine
Materialsammlung für Literatur-
wissenschaftler, Bühnenhistoriker,
Theaterleute über Brechts Mit-
arbeiterin und erste Theaterphoto-
graphin für seine berühmten ›Mo-
dellbücher‹, sondern dies ist vor al-
lem das Buch einer Frau, das Buch
über eine Frau, das Protokoll der
Ausbeutung durch einen Kämpfer
gegen die Ausbeutung – und es ist

die Geschichte einer großen, also
tragischen Liebe.«
Rolf Michaelis, Die Zeit

Erwin Chargaff
Das Feuer des Heraklit
Skizzen aus einem Leben vor der
Natur
SL 844
Was bleibt heute noch von der Moral der Naturwissenschaften? Allein
auf technischen Fortschritt ausge-
richtet, entgleitet sie zusehends der
gesellschaftlichen Kontrolle und
lädt der Menschheit ein kaum mehr
tragbares Existenzrisiko auf.

Per Olov Enquist
Strindberg
Ein Leben
Aus dem Schwedischen von
Verena Reichel
SL 601
Mit seinem Gespür für dramatische
Pointierungen gelingt Enquist ein
Porträt Strindbergs, das dem Leser
einen anregenden Einstieg in eigene
Strindberg-Lektüre eröffnet.

Maxie Wander
Leben wär' eine prima Alternative
Tagebuchaufzeichnungen und
Briefe. SL 298
Das Buch beginnt mit der Eintra-
gung »9. September 1976. Einzug
in die Frauenklinik der Charité.
Eine Stunde im Keller warten.« Ein
Jahr später, im November 1977,
stirbt die Autorin an Krebs. Dazwi-
schen liegen Briefe, Tagebuchnoti-
zen, Erinnerungen einer lebhaften,
jungen Frau.

Luchterhand Theater

Neuentdeckungen und
Wiederbegegnungen für
Theater-Fans

im Luchterhand Literaturverlag

John Osborne
Der Entertainer
Deutsch von Helmar H. Fischer
ca. 120 Seiten. Broschur

John Osborne
Blick zurück im Zorn
Deutsch von Helmar H. Fischer
ca. 112 Seiten. Broschur
Beide Stücke erstmals ungekürzt in
der neuen deutschen Übersetzung.

Oskar Panizza
Das Liebeskonzil
Eine Himmels-Tragödie in 5 Aufzügen
112 Seiten. Broschur

Ljudmila Petruschewskaja
Cinzano
Theaterstück in zwei Teilen
Deutsch und mit einem
Nachwort von Rosemarie Tietze
72 Seiten. Broschur
Ein Theaterstück über die privaten
Lebensverhältnisse in der UdSSR.
»Cinzano ist ein absolutes Doku-
mentarstück, ich habe praktisch
jeden Satz selbst gesammelt.«

Carl Sternheim
Die Hose
Ein bürgerliches Lustspiel
120 Seiten. Broschur
Theobald Maskes Frau Luise verliert auf offener Straße die zur wil-
helminischen Zeit kaum aussprech-
bare Hose, und, zwischen Lächer-
lichkeit und Brutalität schwankend,
vollzieht sich eine wechselvolle Ehe-
tragödie.

Bürger Schippel
Komödie
72 Seiten. Broschur

Peter Turrini
Rozznjogd/Rattenjagd
Ein Stück
80 Seiten. Broschur

Die Minderleister
136 Seiten. Broschur
»In den Personalbüros der Stahl-
werke liegen Listen mit den Namen
von Arbeitern, die in nächster Zeit
entlassen werden. Auf diesen Listen
steht das Wort ›Minderleister‹. Mit
diesem Wort verbinde ich den schä-
bigen Versuch, die Krise in der Stahl-
industrie auf Kosten der Schwäch-
sten auszutragen.« *Peter Turrini*

Luchterhand Theater

Neuentdeckungen und
Wiederbegegnungen für
Theater-Fans

im Luchterhand Literaturverlag

Günter Grass
Die Plebejer proben den Aufstand
Ein deutsches Trauerspiel
17. Juni 1953: Datum eines deutschen, eines gescheiterten Aufstan-
des. »Die Überschneidung von
Theater und Wirklichkeit gewinnt
hier bösen und schmerzlichen Um-
riß.« *Frankfurter Rundschau*

Christoph Hein
Passage
Ein Kammerspiel in drei Akten
80 Seiten. Broschur

Die Ritter der Tafelrunde
Eine Komödie
80 Seiten. Broschur
»Christoph Hein hat eine Komödie
geschrieben, die es bitterernst meint
und einen intimen Einblick in die
Innenausstattung der Macht und
der Mächtigen gewährt.«
Theater heute

Alfred Jarry
König Ubu
Ein Drama in fünf Akten
72 Seiten. Broschur
Die Uraufführung 1897 entsetzte
das Pariser Publikum – ein Skandal.

David Mamer
Die Gunst der Stunde
Ein Stück in drei Akten
Deutsch von Bernhard Samland
88 Seiten. Broschur
Schauplatz: Die Filmstudios von
Hollywood. »Die grimmig
satirische Schilderung einer
Geldgier- und Erfolgswelt, deren
Helden nach brachialen Maximen
handeln . . . ein triumphales
Zyniker-Duo.« *Der Spiegel*

L

Künstler – von anderen gesehen

in der Sammlung Luchterhand

Jaime Sabartés
Picasso
Gespräche und Erinnerungen
Mit Abbildungen
ca. 248 Seiten, SL 874 (i. Vorb.)
Aus der Fülle der Beobachtungen
wächst anschaulich das Bild eines
Mannes, einer Freundschaft, einer
Epoche der Malerei.

Henry Miller
Rimbaud oder Der große Aufstand
Aus dem Amerikanischen
von Oswald von Nostitz
ca. 160 Seiten, SL 863 (i. Vorb.)
Ein trotziges Pamphlet über die Ein-
samkeit des Künstlers in der modernen Welt; ein Manifest gegen eine
Welt, die, in ihre Katastrophen ver-
strickt, glaubt, sie brauche keine
Dichter.

Samuel Beckett
Proust
Essay
104 Seiten, SL 820
»Dieser sehr gescheite, tempera-
mentvolle Essay – übrigens eine der
ersten monographischen Studien
zum Werk von Proust – ist als Inter-
pretation seines Werkes immer noch
hilfreich und lesenswert. Und zwar
vor allem wegen Becketts sehr ein-
dringlicher Erörterung dessen, was
man heute mit dem Schlagwort
›Madeleine‹ zusammenzufassen
pflegt – der unwillkürlichen
Erinnerung.«
Klaus Birkenhauer

Russische Literatur

in der Sammlung Luchterhand

Natalja Baranskaja
Das Ende der Welt
Erzählungen von Frauen
Aus dem Russischen von
Renate Landa. SL 581

Woche um Woche
Frauen in der Sowjetunion
Erzählungen
Aus dem Russischen von
Aggy Jais und Ingrid Tinzmann
SL 268

Andrej Bitow
Das Puschkinhaus
Roman
Aus dem Russischen von
Natascha Spitz-Wdowin
und Sylvia List. SL 800

Michail Bulgakow
Arztgeschichten
Aus dem Russischen von
Thomas Reschke. SL 67

Aufzeichnungen eines Toten
Roman
Aus dem Russischen von
Thomas Reschke. SL 434

Die verhängnisvollen Eier
Aus dem Russischen von
Thomas Reschke. SL 548

Wenjamin Kawerin
Vor dem Spiegel
Roman. Aus dem Russischen von
Gisela Drohla. SL 586

Wladimir Majakowski
Vers und Hammer
Schriften, Gedichte, Fotos,
Zeichnungen. Aus dem Russischen
von Willi Reich, Siegfried Behrsing,
Hugo Huppert. SL 824

Nadja
Briefe aus Rußland
Übersetzt und herausgegeben von
Natascha Wodin. SL 850
»Briefe einer Moskauerin an ihre
Freundin in Deutschland. Es ist eine
Kostbarkeit, etwas in seiner Art
Einzigartiges auf dem deutschen
Buchmarkt.« *Südwestfunk*

Jurij Trifonow
Langer Abschied
Erzählung
Aus dem Russischen von
Sylvia List. SL 647

Widerschein des Feuers
Ein Bericht
Aus dem Russischen von
Eckhard Thiele. SL 819

Andrej Bitow
Armenische Lektionen
Eine Reise in ein kleines Land
Aus dem Russischen von
Günter Löffler
SL 862.
In diesem Buch erzählt der Wahr-
nehmungsenthusiast Bitow von ei-
ner zehntägigen Reise durch Arme-
nien.
»Ich habe in diesem Buch viel länger
zugebracht als in Armenien«, heißt
es am Schluß, »und das macht sei-
nen Inhalt aus«.

Autorinnen und Autoren der DDR

im Luchterhand Literaturverlag

Eine Auswahl

Brechts Lai-tu
Erinnerungen und Notate von
Ruth Berlau.
Hg. und mit einem Nachwort von
Hans Bunge. Mit zahlreichen, zum
größten Teil unveröffentlichten Fotos
336 Seiten. Gebunden.
Auch lieferbar als SL 698

Brigitte Burmeister
Anders oder
Vom Aufenthalt in der Fremde
Roman
288 Seiten. Gebunden

Daniela Dahn
Kunst und Kohle
Die ›Szene‹ am Prenzlauer Berg
Berlin, DDR. Mit zahlreichen Fotos.
SL 785. Originalausgabe

Christoph Hein
Drachenblut
Novelle. SL 616

Horns Ende
Roman. 268 Seiten. Leinen.
Auch lieferbar als SL 699

Passage
Ein Kammerspiel. 80 Seiten. Brosch.

Der Tangospieler
Roman
ca. 240 Seiten. Gebunden (i. Vorb.)
Der junge Historiker Dallow wird
nach 21 Monaten aus der Haft entlassen. Seine Verurteilung ba-
siert auf einem »Unfall«. Jetzt
will er nur noch eines: die ihm zuge-
fügte Kränkung schnell vergessen.

Hermann Kant
Bronzezeit
Geschichten aus dem Leben des
Buchhalters Farßmann
176 Seiten. Leinen.
Auch lieferbar als SL 735

Die Summe
Eine Begebenheit. 192 S. Leinen

Helga Königsdorf
Respektloser Umgang
Erzählung. 116 Seiten. Leinen

Die geschlossenen Türen am Abend
Erzählungen
160 Seiten. Gebunden

Irmtraud Morgner
Amanda
Ein Hexenroman. SL 529

Leben und Abenteuer der
Trobadora Beatriz nach Zeugnissen
ihrer Spielfrau Laura
Roman. SL 223

Inge Müller
Wenn ich schon sterben muß
Gedichte. 136 Seiten. Gebunden

Brigitte Reimann
Die geliebte, die verfluchte Hoff-
nung
Tagebücher und Briefe. SL 646

Helga Schütz
In Annas Namen
Roman. 272 Seiten. Leinen.
Auch als SL 831